DIE VORAUSSETZUNGEN
DES
VERSÄUMNISVERFAHRENS

VON

Dr. iur. ERNST CARL HUGO LÖHNING

LEIPZIG
VERLAG VON VEIT & COMP.
1909

Leipziger juristische Inauguraldissertation.

Druck von Metzger & Wittig in Leipzig.

Literatur.

v. Amsberg, Prorogatio fori und contumacia; im Archiv für die zivilistische Praxis, Bd. 65, S. 59ff.

Birkmeyer, Rechtsfälle aus der Praxis des Reichszivilprozesses. Wismar 1883.

Birkmeyer, Das Offizialverfahren im Zivilprozeß; Zeitschrift für deutschen Zivilprozeß (herausgegeben von Schultzenstein und Vierhaus, begründet von Busch) Bd. 7, S. 185ff.; S. 375ff.

Bolgiano, Zur Lehre vom Versäumnisurteil; Zeitschrift für deutschen Zivilprozeß (Abbr.: Zeitschr.) Bd. 5, S. 224ff.

Bolgiano, Versäumnisurteil; ebenda Bd. 24, S. 165ff.

Bolze, Die Praxis des Reichsgerichts in Zivilsachen. 1886ff.

Bülow, Die Lehre von den Prozeßeinreden und die Prozeßvoraussetzungen. Gießen 1868.

v. Canstein, Grundlagen des Kontumazialrechts; Zeitschr. Bd. 16, S. 1ff.

Deutsche Juristenzeitung, begründet von Laband, Stenglein, Staub; herausgegeben von Laband, Hamm, Heinitz.

Entscheidungen des Reichsgerichts in Zivilsachen, herausgegeben von den Mitgliedern des Gerichtshofs.

Endemann, Der deutsche Zivilprozeß. Berlin 1879.

Engelmann, Der deutsche Zivilprozeß. Breslau 1901.

Fitting, Der Reichszivilprozeß. 10. Aufl. Berlin 1900.

Gaupp-Stein, Kommentar zur Zivilprozeßordnung. 8./9. Aufl. Tübingen 1906.

Hellwig, Lehrbuch des deutschen Zivilprozeßrechts (Bd. I u. II). Leipzig 1907.

Hahn, Die gesamten Materialien zur Zivilprozeßordnung.

v. Kries, Die Rechtsmittel des Zivilprozesses und des Strafprozesses nach den Bestimmungen der deutschen Reichsgesetze. Breslau 1880.

Kohler, Der Prozeß als Rechtsverhältnis. Mannheim 1888.

Kohler, Prozeßrechtliche Forschungen. Berlin 1889.

Meyer, In welchen Fällen ist nach der Zivilprozeßordnung der Erlaß eines Versäumnisurteils zulässig? Zeitschr. Bd. 9, S. 313ff.

Möller, Bemerkungen zur deutschen Zivilprozeßordnung; Beiträge zur Erläuterung des deutschen Rechts, begründet von Gruchot, herausgegeben von Rassow und Küntzel (Abbr.: Gruchot) Bd. 26, S. 182ff.

MUGDAN, Über die Verwerfung der Berufung als unzulässig; bei GRUCHOT Bd. 27, S. 790ff.

PLANCK, Lehrbuch des deutschen Zivilprozeßrechts. München 1896.

PFIZER, Über die Voraussetzungen des Versäumnisurteils; bei GRUCHOT Bd. 26, S. 17ff.

PETERSEN-ANGER, Kommentar zur Zivilprozeßordnung. Lahr 1904.

REINCKE, Die Deutsche Zivilprozeßordnung. 5. Aufl. Berlin 1904.

SCHMIDT, RICH., Lehrbuch des deutschen Zivilprozeßrechts. 2. Aufl. Leipzig 1906.

SCHWALBACH, Der Fall der Versäumung und der Eintritt der Versäumnis; bei GRUCHOT Bd. 26, S. 1ff.

SEUFFERT, Kommentar zur Zivilprozeßordnung. 10. Aufl. München 1907.

STEIN, Der Urkunden- und Wechselprozeß. Leipzig 1887.

STRUCKMANN-KOCH, Kommentar zur Zivilprozeßordnung. Berlin 1901.

TROLL, Das Versäumnisurteil nach der Reichszivilprozeßordnung. München 1887.

WACH, Handbuch des deutschen Zivilprozeßrechts. Leipzig 1885.

WACH, Vorträge über die Reichszivilprozeßordnung. Bonn 1896 (2. Aufl., 1. Aufl. 1879).

WACH, Das Versäumnisurteil; bei GRUCHOT Bd. 36, S. 1ff.

WACH, Der gewillkürte Gerichtsstand; bei GRUCHOT Bd. 24, S. 703ff.

WACH, Das Prinzip des gewillkürten Gerichtsstands; Arch. f. d. zivilist. Praxis Bd. 62, S. 373ff.

WACH, Präklusion und Kontumaz; in GRÜNHUTS Zeitschrift für das Privat- und öffentl. Recht der Gegenwart Bd. 7, S. 147ff.

WAGEMANN, Versäumnis des Berufungsklägers; Zeitschr. Bd. 6, S. 60ff.

WEISMANN, Lehrbuch des deutschen Zivilprozeßrechts Bd. 1 u. 2. Stuttgart 1903 u. 1905.

WILMOWSKI u. LEVY, Kommentar zur Zivilprozeßordnung. Berlin 1895.

I. Einleitung.

§ 1.

Schon an der Wiege ist es dem Versäumnisverfahren der Reichszivilprozeßordnung vorausgesagt worden,[1] daß es der Praxis und der Wissenschaft manche Schwierigkeiten bereiten werde. Diese Prophezeiung ist in Erfüllung gegangen: Es ist das Versäumnisverfahren der Ausgangspunkt einer Fülle von Streitfragen geworden, über die auch heute nach dreißigjähriger Geltungsdauer der Zivilprozeßordnung die Meinungen noch nicht einig sind.

Streit herrscht insbesondere über die prozessualen Existenzbedingungen des Versäumnisverfahrens. Man ist nicht einig darüber, ob es Platz greifen kann ohne vorgängige Prüfung der allgemeinen Prozeß- oder Instanzvoraussetzungen und trotz feststehenden Mangels einer solchen oder nicht, ob also das Versäumnisurteil stets Sachurteil sein muß oder ob es auch Prozeßurteil sein kann.[2]

Es handelt sich dabei durchaus nicht nur um einen doktrinären Meinungsstreit. Vielmehr ist es in der Praxis für die Prozeßbeteiligten von größter Wichtigkeit zu wissen, ob das bei Abwesenheit der einen Partei ergehende Urteil ein dem Einspruche unterliegendes Versäumnisurteil oder ein mit den gewöhnlichen Rechtsmitteln anfechtbares kontradiktorisches[3] Urteil, ob es ein

---

[1] Wach, Vorträge, 1. Aufl. (1879) S. 112.

[2] Auf das von Wach als bloße Spielerei bezeichnete Versäumniszwischenurteil des § 347 Abs. 2 ZPO. soll nicht weiter eingegangen werden.

[3] So sollen im folgenden alle Urteile, die nicht Versäumnisurteile sind, auch die sogenannten (Jurist. Wochenschr. 1905, S. 1056) unechten Versäumnisurteile bezeichnet werden. Der Dreiteilung Meyers (Zeitschr. 9, S. 320) soll nicht beigetreten werden.

der materiellen Rechtskraft fähiges Sachurteil oder ein Prozeßurteil ist, das nur die formelle Rechtskraft beschreiten kann.

Das Gesetz drückt sich nicht mit der wünschenswerten Deutlichkeit aus. Sein Wortlaut läßt — wenigstens soweit die Säumnis des Klägers in Frage kommt — an sich beide Möglichkeiten zu.[1]

Der höchste Gerichtshof hat sich vermöge des Instanzenzugs mit dem erstinstanzlichen Versäumnisverfahren nur selten zu beschäftigen. In den durch ihn entschiedenen Fällen handelt es sich in der Regel um die Säumnis der Berufungs- und Revisionsinstanz. Seine Praxis ist keine einheitliche. Während er einmal klipp und klar zum Ausdruck bringt, das Versäumnisurteil des § 330 ZPO. sei Sachurteil, es entscheide über den geltend gemachten Anspruch selbst, bezèichnet er in anderen Fällen ein Urteil, welches beim Ausbleiben des Rechtsmittelklägers das Rechtsmittel als unzulässig erklärt, als ein Versäumnisurteil; in wieder anderen Fällen verzichtet er bei Säumnis des Klägers überhaupt auf die Prüfung der Voraussetzungen.[2]

Auch in der Literatur ist der Streit noch nicht geschlichtet.[3] Jede der beiden Ansichten weist eine Reihe von Anhängern auf.[4]

Die folgenden Ausführungen wollen ein Beitrag zur Klärung dieser Streitfrage sein; es soll dargetan werden, daß sowohl im Falle der Abwesenheit des Klägers als auch bei der des Beklagten eine Prüfung der allgemeinen Prozeßvoraussetzungen stattfinden muß, und das auf Grund feststehenden Mangels die Klage abweisende Urteil nur ein kontradiktorisches sein kann.

---

[1] Planck 2, S. 375; Endemann zu § 295 (a. Z.) ZPO.

[2] Vgl. RG. I v. 26. 5. 1880 (Entsch. 1, 438ff.); III v. 12. 10. 1880 (Entsch. 2, 409); II v. 11. 1. 1882 (Entsch. 6, 364); III v. 13. 10. 1882 (Entsch. 7, 395ff.); V v. 20. 6. 1883 (Entsch. 10, 404); I v. 5. 4. 1884 (Entsch. 12, 364); IV v. 15. 6. 1885 (Bolze 1, Nr. 1978); III v. 11. 12. 1885 (Entsch. 15, 392); II v. 15. 6. 1888 (Entsch. 21, 375); I v. 3. 10. 1888 (Entsch. 21, 406); II v. 6. 12. 1889 (Entsch. 24, 433); VI v. 10. 5. 1893 (Entsch. 31, 404); VI v. 30. 10. 1893 (Entsch. 31, 432); IV v. 4. 2. 1897 (Entsch. 38, 487); VII v. 1. 5. 1900 (Entsch. 46, 372); III v. 21. 1. 1902 (Entsch. 50, 385ff.) u. a.

[3] In neuerer Zeit ist die Frage — soweit ich sehe — ex professo nicht behandelt.

[4] Vgl. die Literaturzusammenstellung in RG. Entsch. 50, S. 386.

II. Die Voraussetzungen des Versäumnisverfahrens in der Rechtsmittelinstanz.

§ 2.

I. Allgemeines.

Die Zivilprozeßordnung gibt ausführliche Vorschriften nur für das Versäumnisverfahren in erster Instanz des Amts- und Landgerichtsprozesses — §§ 331 ff. in Verbindung mit § 496 —. Für die Berufungs- und Revisionsinstanz schreibt sie, im Falle der Säumnis des Berufungsbeklagten mit der Modifikation des § 542 Abs. 2, eine „entsprechende" Anwendung dieser Bestimmungen vor — §§ 542 Abs. 1; 557 —. Diese Reihenfolge entspricht dem vorgeschriebenen Instanzenzuge und würde auch bei Behandlung der von uns aufgeworfenen Frage die nächstliegende sein. Trotzdem soll von ihr abgewichen und als Ausgangspunkt für die folgenden Untersuchungen das Versäumnisverfahren in der Rechtsmittelinstanz gewählt werden. In ihr kommt die Logik des Prozesses mit besonderer Wucht zur Geltung.[1] Es spitzt sich hier alles auf die Frage zu: kann über das Rechtsmittel, d. h. seiner sachlichen Begründung nach, durch Versäumnisurteil entschieden werden ohne Rücksicht auf seine Existenzbedingungen, seine Statthaftigkeit und Wirksamkeit oder nicht?

In § 535 ZPO.[2] heißt es: Das Berufungsgericht hat von Amtswegen zu prüfen, ob die Berufung an sich statthaft, ob sie in der gesetzlichen Form und Frist eingelegt ist. Mangelt es an einem dieser Erfordernisse, so ist die Berufung als unzulässig zu verwerfen.

Wann ein Rechtsmittel an sich statthaft ist, darüber geben die §§ 511, 513, 545, 546, 547, 549 ZPO. im einzelnen genügend Aufschluß. Wirksam eingelegt ist es, wenn es in der gesetzlichen Form und Frist eingelegt ist (§§ 535 Abs. 1, 554a Abs. 1 in Verbindung mit §§ 516, 518, 552 ff. ZPO.). Hinsichtlich der Fristgerechtigkeit mag besonders hervorgehoben werden, daß die

---

[1] WACH bei GRUCHOT 36, S. 6.

[2] Für die Revision entsprechend § 554a Abs. 1 ZPO.

Offizialprüfung sich nicht nur auf die Frage, ob das Rechtsmittel vor Ablauf, sondern auch auf die Frage erstreckt, ob es nach Beginn der einmonatigen Notfrist eingelegt ist. Die gegenteilige Ansicht[1] hat man aus dem Wortlaut des § 535 herleiten wollen. Dieser Paragraph, sagt man, verlange eine rechtlich in Betracht kommende Einlegung; eine solche sei die verfrühte, weil „wirkungslose" nicht.[2] Diese Ansicht beruht auf einer Verkennung der Vorschrift des § 516 ZPO. (für die Revision entsprechend § 552 ZPO.). Dieser bestimmt, daß die Berufungsfrist einen Monat beträgt, daß sie mit der Zustellung des Urteils beginnt, und daß die Einlegung vor Zustellung des Urteils „wirkungslos" ist. Daraus geht doch klar hervor, daß eine verspätete Einlegung nicht weniger wirkungslos sein kann, als eine verfrühte.[3] Einer besonderen Hervorhebung dieser Wirkungslosigkeit bedurfte es für den Fall der verspäteten Berufung nicht, weil schon der Gebrauch des Begriffs „Notfrist" und des Wörtchens „muß" einen Zweifel nicht aufkommen ließ. Der § 516 besagt also nichts andres als: wirksam ist die Einlegung der Berufung nur, wenn sie innerhalb, d. h. nach Beginn und vor Ablauf der Berufungsfrist erfolgt ist. Jede andere Einlegung ist materiell wirkungslos, natürlich mit dem Unterschiede, daß bei der verspäteten Berufung der Ablauf der Präklusivfrist der Erneuerung des Rechtsmittels ein für allemal entgegensteht. Diesen Unterschied nun macht § 535 nicht. Nach ihm ist jede Berufung, die nicht in, d. h. innerhalb der gesetzlichen Frist eingelegt ist, als „unzulässig" zu verwerfen.[4]

Diese Offizialprüfung der Zulässigkeit der Berufung bezweckt die Aufrechterhaltung des im öffentlichen Interesse festgesetzten Instanzenzugs. Wenn dieser Zweck erreicht werden soll, dann muß die Vorschrift des § 535 absolute und ausnahmslose Geltung für das ganze berufungsinstanzliche Verfahren haben. Diese hat

---

[1] Vertreten von TROLL, Versäumnisurteil S. 160, der wegen verfrühter Zustellung der Berufung dem Gegner nur ein verzichtbares Rügerecht gibt.

[2] So RG. Entsch. 4, S. 414f.

[3] MUGDAN bei GRUCHOT 27, S. 792. 793.

[4] Ebenso WACH bei GRUCHOT 36, S. 8 Note 9: „Die Wirkungslosigkeit ist ein Fall der Unzulässigkeit."

ihr das Gesetz offenbar auch beilegen wollen, denn es findet sich nirgends in ihm eine Ausnahmevorschrift. Als solche etwa den § 542 ZPO. deshalb auffassen zu wollen, weil hier der in § 535 vorgeschriebenen Prüfung nicht gedacht wird, erscheint ganz abwegig. Mit demselben, ja mit größerem Rechte als die Anordnung der Unterlassung kann aus der Nichterwähnung der Prüfung gefolgert werden, daß sie eben durch die Vorschrift des § 542 in ihrer Existenz nicht berührt werden, also auch für das Versäumnisverfahren Geltung behalten soll, und zwar gleichviel ob der Rechtsmittelkläger oder der Rechtsmittelbeklagte säumig ist.[1]

Soweit die Versäumnis des Rechtsmittelbeklagten in Frage kommt, wird übereinstimmend die Prüfung der Existenzbedingungen der Instanz gefordert. Das Versäumnisurteil des § 542 Abs. 2 ZPO. gründet sich auf die tatsächlichen Feststellungen der Vorinstanz, der Fiktion des Zugeständnisses hinsichtlich des neuen tatsächlichen Vorbringens des Berufungsklägers, soweit es mit dem festgestellten Sachverhältnis nicht in Widerspruch steht, und der Annahme, daß eine zulässigerweise beantragte Beweisaufnahme das in Aussicht gestellte Ergebnis gehabt habe. Als sein Inhalt ist also deutlich Sachentscheidung statuiert, die ihrerseits natürlich voraussetzt, daß die in § 535 ZPO. vorgeschriebene Prüfung die Rechtsgültigkeit des Rechtsmittels ergeben hat. Andernfalls wäre die Berufung gegen den erschienenen Berufungskläger als „unzulässig" zu verwerfen (§ 535; entspr. bei Revision § 566 ZPO.).

Nun sollte man annehmen, daß das, was für den säumigen Rechtsmittel**beklagten** gilt, bei der grundsätzlichen Parteiengleichheit auch für den säumigen Rechtsmittel**kläger** Geltung behält, daß also bei Säumnis des Rechtsmittelklägers einem Antrag auf Versäumnisurteil erst dann stattzugeben wäre, wenn die Rechtsgültigkeit des Rechtsmittels feststeht, bei feststehender Unzulässigkeit jedoch das Rechtsmittel durch kontradiktorisches Urteil „als unzulässig" verworfen werden müßte.

[1] So auch Petersen-Anger Bem. 3 zu §§ 542, 566; Weismann 1, S. 410, die aber beide die Verwerfung als „unzulässig" bei Säumnis des Klägers durch Versäumnisurteil aussprechen lassen.

Dieser Ansicht, die als die allein richtige angesprochen werden muß,[1] stehen zwei andere Meinungen gegenüber, von denen die eine das gegen den säumigen Rechtsmittelkläger ergehende Versäumnisurteil als Sach- oder Prozeßurteil ergehen läßt, je nachdem die Existenzbedingungen der Rechtsmittelinstanz feststehen oder fehlen, während die andere das Rechtsmittel durch Versäumnisurteil verwirft, ohne zu fragen, ob es gültig und wirksam ist oder nicht.

Diese beiden Meinungen sollen näher untersucht, ihre Unhaltbarkeit soll dargetan werden.

§ 3.

2. Das Versäumnisurteil als sententia incerta.

Gegen den säumigen Rechtsmittelkläger soll das Versäumnisurteil ergehen, gleichviel ob das Rechtsmittel zulässig und rechtsgültig eingelegt ist oder nicht.[2] Das Urteil lautet also in jedem Falle: „Die Berufung bzw. die Revision wird verworfen." Nun ist das „Verwerfen" durchaus nicht in allen Fällen gleichwertig. Es eröffnen sich vielmehr folgende drei Möglichkeiten: 1. das Rechtsmittel war statthaft, auch form- und fristgerecht eingelegt; es wird aber aberkannt, mithin als „unbegründet" verworfen; 2. das Rechtsmittel war an sich statthaft, aber, da vor Zustellung des Urteils eingelegt, wirkungslos (§§ 516 Abs. 2 Satz 2, 552 Abs. 2) und wurde deshalb als unzulässig verworfen; 3. das Rechtsmittel war als „unzulässig" zu verwerfen, weil es an sich nicht statthaft, oder die Rechtsmittelfrist versäumt war. Welchen Inhalt nun das ohne Prüfung der Formalien ergehende Versäumnisurteil hat, läßt dieses selbst nicht erkennen; es ist eine sententia incerta.[3] Der Nachteil dieser Schleierhaftigkeit wäre nun in praxi nicht sehr fühlbar, wenn es sich nur um den 1. und den 3. Fall handelte. Bei diesen beiden ist nach rechtskräftig gewordenem

---

[1] So Wach, Vorträge S. 279 und bei Gruchot 36, S. 6 ff.; Troll a. a. O. S. 160. 185 mit der oben S. 4 erwähnten Abweichung; Mugdan bei Gruchot 27, S. 796; Engelmann S. 364; Reincke Bem. II a zu § 542 ZPO. u. a.

[2] Meyer in Zeitschr. 9, S. 352 ff.

[3] Wach bei Gruchot 36, S. 7.

Versäumnisurteile die Wiederholung des Rechtsmittels ausgeschlossen. Anders verhält es sich im 2. Fall. Hier steht trotz Rechtskraft des Versäumnisurteils der Erneuerung des Rechtsmittels nichts im Wege. Im Falle der Wiederholung des Rechtsmittels nach Rechtskraft des Versäumnisurteils müßte also das Gericht stets prüfen, welcher von den oben aufgezählten Fällen in dem durch das Versäumnisurteil beendeten Verfahren vorgelegen hat. In den Fällen 1 und 3 müßte es dann das Rechtsmittel als unzulässig verwerfen, im Falle 2 hätte es, das inzwischen erfolgte Inlaufsetzen der Notfrist vorausgesetzt, das wiederholte Rechtsmittel als zulässig anzusehen und nunmehr über seine sachliche Berechtigung zu verhandeln und zu entscheiden. Durch das in diesem zweiten Rechtsmittelverfahren ergehende Urteil empfängt das früher ergangene Versäumnisurteil erst seine Vervollständigung. Erst jetzt erhält es einen rechtlich bedeutsamen Inhalt. Bis dahin war dieser verschleiert, vieldeutig und unsicher. Ein Urteil mit unsicherem Inhalte ist aber von einem inhaltlosen Urteile nur wenig unterschieden. Und dieser Begriff des inhaltlosen Urteils enthält einen unlöslichen Widerspruch in sich selbst. Schon dieser Umstand und die so geschaffene Rechtsunsicherheit sollten unzweideutig darauf hinweisen, daß wir es bei der sententia incerta mit einem Gebilde zu tun haben, dem Existenzberechtigung unmöglich zukommen kann.

Auch im Gesetze findet die sententia incerta nirgends eine Stütze. Im Gegenteil: die Zivilprozeßordnung schreibt die Fälle, in denen das Rechtsmittel als „unzulässig" zu verwerfen ist, ausdrücklich vor (§§ 535, 554a) und scheidet auch sonst scharf die Verwerfung wegen Unzulässigkeit des Rechtsmittels von der materiellen Entscheidung über dasselbe, indem es beispielsweise unter gewissen Umständen an diese andere Folgen knüpft als an jene (vgl. §§ 522 Abs. 1, 556, 546 Abs. 1, 574; analog §§ 538 Nr. 1, 341 ZPO.). Daraus ergibt sich, daß das Gesetz die Verwerfung des Rechtsmittels wegen Unzulässigkeit im Urteil — zweckmäßig, wenn auch nicht notwendig,[1] schon im Tenor — zum Ausdruck

[1] Hierzu Wach bei Gruchot 36, S. 8; Gaupp-Stein Note III zu § 535; RG. Entsch. 30, S. 394.

gebracht wissen will. Damit ist unvereinbar die sententia incerta.

Fragt man sich nun nach dem Zweck eines derartigen Urteils, so wird man wiederum vergeblich suchen können. Als Versäumnisurteil gegen den Rechtsmittelkläger unterliegt die sententia incerta dem Einspruche des säumigen Teils. Die Wirkungen, die man mit ihm erzielt, sind je nach dem versteckten Inhalte des Urteils verschieden. Von den oben erwähnten drei Möglichkeiten des Inhalts der sententia incerta interessieren uns hier — da es bei der ersten sich um ein echtes Versäumnisurteil handelt — nur die zweite und die dritte: War das angefochtene Urteil schon rechtskräftig, dann dient der Einspruch nur der Verzögerung und der, allerdings notwendigen Interpretation der sententia incerta dahin, daß die Berufung nunmehr als unzulässig verworfen wird. Und was den zweiten Fall anlangt, so kann, wie schon oben ausgeführt, der Rechtsmittelkläger, gleichviel, ob er Einspruch eingelegt hat oder nicht, gleichviel, ob er in dem Einspruchsverfahren erscheint oder nicht, gleichviel, ob die sententia incerta rechtskräftig ist oder nicht, die vorderrichterliche Entscheidung doch immer noch mit einer rechtswirksamen Wiederholung des Rechtsmittels angreifen. Mit dem Einspruch hingegen kann er das selbst dann nicht, wenn inzwischen der relevante Mangel — die fehlende oder ungültige Urteilszustellung — beseitigt sein sollte. Denn auch hier müßte er das Rechtsmittel wiederholen. Mit dem Einspruche erreicht er also weiter nichts als die Gewißheit darüber, daß in der Tat das Rechtsmittel, das ihm die sententia incerta absprach, ihm noch nicht verloren ist.

Trotz ihrer Gesetzes- und Zweckwidrigkeit hat die sententia incerta eine Reihe von Anhängern in der Literatur gefunden und ist auch vom Reichsgericht mehrfach gebilligt worden.

Die Gründe, welche man für die sententia incerta anführt, sind verschiedener Art.

Das Reichsgericht führt[1] aus, die Nachweise dafür, daß das Rechtsmittel an sich statthaft, form- und fristgerecht eingelegt sei, könnten nur vom Rechtsmittel*kläger* gefordert werden, denn

[1] Entsch. 12, S. 364 f.

nur für ihn habe ein ungünstiges Ergebnis dieser Prüfung nachteilige Folgen.[1] Wenn er also ausbliebe, so sei auf jene Prüfung überhaupt nicht einzugehen. Es genüge, daß auf Antrag des Berufungsbeklagten die Berufung zurückgewiesen werde, wobei unentschieden bleibe, ob sie als unzulässig oder unbegründet angenommen werde. Keinesfalls dürfe aber auf Grund von § 300 (a. Z.) Ziffer 1 von dem erschienenen Berufungsbeklagten als eine Voraussetzung für die Erlassung des Versäumnisurteils verlangt werden, daß er die Zulässigkeit der Berufung dartue; denn diese Gesetzesbestimmung habe nur solche „Nachweisungen" im Auge, die an und für sich der erschienenen Partei obliegen.[2] Welche Nachweisungen nun „an und für sich" der erschienenen Partei obliegen, darüber schweigt das Reichsgericht. Hier rechnet es jedenfalls nicht nur den Nachweis der Statthaftigkeit, sondern auch den der Formgültigkeit und der Fristgerechtigkeit (oben Satz 1) nicht zu ihnen. Mit einer wohl einzig dastehenden Inkonsequenz verlangt es jedoch in Absatz 2 derselben Entscheidung, weil die etwa vor Zustellung des Urteils erster Instanz geschehene Berufungseinlegung überhaupt rechtlich wirkungslos sein würde, also auch nicht die Wirkung ausüben dürfte, daß die Berufung bereits durch ein der Rechtskraft fähiges Versäumnisurteil zurückgewiesen würde, vom Berufungsbeklagten den Nachweis, daß und wann die Zustellung des angegriffenen Urteils erfolgt sei.[3] Ergebe sich dann eine Zustellung, welche nicht später fällt, als die aus den Gerichtsakten ersichtliche Terminsbestimmung, so könne gegen den säumigen Berufungskläger ohne weiteres angenommen werden, daß er die mit Terminsbestimmung versehene Berufungsschrift dem erschienenen Berufungsbeklagten auch habe zustellen lassen. Nur für den Fall, daß eine hinter das Datum der Terminsbestimmung fallende Zustellung des Urteils nachgewiesen werde, verlangt es den Nachweis, daß auch die Berufungsschrift ihm nicht früher zugestellt worden sei. Worauf sich hier die Vermutung der er-

[1] Ebenso Wagemann in Zeitschr. 6, S. 61 und Möller bei Gruchot 26, S. 188. 189.

[2] Ebenso Möller a. a. O.

[3] Vgl. auch RG. in Bolze 1, Nr. 1979.

folgten Zustellung und andrerseits die verschiedene Behandlung der wirkungslosen und der unstatthaften Berufung stützt, ist nicht ersichtlich.

Aber ganz abgesehen davon ist es überhaupt abwegig, das Prinzip der Beweislastverteilung, das das Reichsgericht hier offenbar im Auge hat, auf die von Amtswegen zu prüfenden Prozeßvoraussetzungen auszudehnen.[1] Das Reichsgericht sagt selbst einmal:[2] „Es ist die Stellung des urteilenden Richters bezüglich der in Frage kommenden prozessualischen Tatsachen eine andere als in bezug auf die das unter den Parteien streitige materielle Rechtsverhältnis begründenden Tatsachen." Jene hat er zu prüfen ohne Rücksicht auf irgendwelche Parteibeliebung, er hat nicht erst zu warten, bis sie, wie MEYER[3] annimmt, behauptet werden. Fragt man nun, von wem er die zur Prüfung erforderlichen Nachweise verlangen soll, so lautet die Antwort: natürlich von dem, der das Verfahren betreibt. Ist also das Versäumnisurteil Sachurteil, und beantragt der Berufungs**beklagte** Versäumnisurteil, also Verwerfung der Berufung als einer **unbegründeten**, so liegt es ihm ob, die Existenzbedingungen der Sachverhandlung und Sachentscheidung darzutun.[4] Man kann eine Sachentscheidung nur fordern, wenn sie zulässig ist. Das entspricht der Logik des Prozesses und geht aus den §§ 335 Ziffer 1, 535, 554a Abs. 1 ZPO. zweifelsfrei hervor.[5]

Und ist denn dem Berufungsbeklagten die Geltendmachung seiner Rechte durch diese Handhabung wesentlich erschwert? Keinesfalls: die Nachweise, deren er bedarf — Urteilsausfertigung, Zustellungsurkunde, Zustellungsbuch des Gerichtsvollziehers — sind leicht zu beschaffen, und ist dies einmal ausnahmsweise nicht der Fall — Nachweis der unterbliebenen Zustellung —, so ist damit

---

[1] WACH bei GRUCHOT 36, S. 11; MUGDAN bei GRUCHOT 27, S. 800; vgl. auch unten § 7.

[2] Entsch. 6, S. 365.

[3] Zeitschr. 9, S. 352; ebenso WAGEMANN in Zeitschr. 6, S. 62.

[4] Vgl. MUGDAN bei GRUCHOT 27, S. 800; TROLL a. a. O. S. 44; BIRKMEYER in Zeitschr. 7, S. 461; im Prinzip auch PLANCK 2, S. 502, der jedoch eine besondere Stellung einnimmt; siehe dazu unten S. 16.

[5] Zu § 335 Ziffer 1 ZPO. s. unten § 8.

noch nicht die sententia incerta gerechtfertigt, sondern nur der Ausweg, daß das Gericht die Forderung des Nachweises nicht mit einer den Rechtsmittelbeklagten gefährdenden Strenge behandelt.[1] Geht dann aber aus dem beigebrachten Material hervor, daß die Berufung unzulässig ist, so erreicht er zwar kein Versäumnisurteil, wohl aber ein kontradiktorisches Urteil, das das Rechtsmittel als unzulässig verwirft. Das bedeutet für ihn vielleicht ein plus. Er ist des lästigen Einspruchsverfahrens ledig. Ja, möglicherweise ist das ergangene Urteil dann überhaupt nicht mehr anfechtbar.

Ergibt sich aber weder die Unzulässigkeit noch die Zulässigkeit und Wirksamkeit, so muß das Gericht die Entscheidung ablehnen. Und das ist das Schlimmste, was dem Berufungsbeklagten in solchem Falle widerfahren kann.

Wenig verschieden von der auf die Beweislastverteilung gegründeten Auffassung des Reichsgerichts ist die Ansicht Meyers.[2] Auch er verlangt als Voraussetzung des Versäumnisurteils, daß eine Berufung erhoben ist, wobei als Nachweis hierfür genügt, daß der Berufungsbeklagte die Berufungsschrift mit der Beglaubigung durch den Rechtsanwalt vorlegt. Im übrigen lehnt auch er jede weitere Prüfung ab.[3] Er geht sogar einen Schritt weiter und sagt, § 535 ZPO. leide überhaupt nur auf den Fall Anwendung, daß die Berufung verfolgt wird; denn die Prüfung der Zulässigkeit sei nur möglich, wenn die Berufung vorgetragen werde. Ein solcher Vortrag durch den Berufungsbeklagten finde jedoch nicht statt. Das letztere ist richtig: denn der Sachvortrag soll der Entscheidung über die Begründetheit des Rechtsmittels dienen, hat dort keinen Sinn, wo diese gar nicht zur Entscheidung steht, es auch noch ungewiß ist, ob überhaupt einmal über sie verhandelt und entschieden wird, wo es sich vielmehr erst um die Prüfung der Existenzbedingungen der Sachverhandlung und Sachentscheidung handelt. Diese Prüfung hat aber mit dem Vortrag der Sache gar nichts zu tun, sondern hat ihm als die

---

[1] Wach bei Gruchot 36, S. 12.

[2] Zeitschr. 9, S. 352f.

[3] Ebenso Möller, Zeitschr. 6, S. 188.

contentio de ordinando judicio der Rechtsmittelinstanz vorauszugehen.[1]

Der von Meyer zur Begründung seiner Ansicht zitierte Beschluß des Reichsgerichts (vom 5. März 1884; Aktenzeichen B V 30/84) beweist — selbst seine Richtigkeit angenommen — meiner Ansicht nach gar nichts. In dem dort entschiedenen Falle hatte der Berufungskläger die Berufung zurückgenommen und war dann im Termine nicht erschienen. Der erschienene Berufungsbeklagte beantragte nun, die Folge der Zurücknahme durch Versäumnisurteil auszusprechen, konnte jedoch die Rechtzeitigkeit der Berufung nicht nachweisen. Nachdem das Oberlandesgericht, gestützt auf die §§ 535, 335 Ziffer 1 ZPO., den Antrag auf Versäumnisurteil zurückgewiesen hatte, sprach sich auf die erhobene sofortige Beschwerde das Reichsgericht dahin aus, daß die Folgen der Zurücknahme des Rechtsmittels ohne Prüfung seiner Zulässigkeit und Reichtzeitigkeit durch Versäumnisurteil auszusprechen seien.[2] Es mag hier dahingestellt bleiben, ob das Urteil auf Grund des § 515 ZPO. überhaupt ein Versäumnisurteil sein kann, darauf soll unten § 4 näher eingegangen werden. Uns interessiert hier nur die Frage: mußten nach erfolgter Zurücknahme des Rechtsmittels dessen Statthaftigkeit und Rechtzeitigkeit geprüft werden? Die Frage ist allerdings zu verneinen, aber nicht auf Grund des oben dargelegten, auch hier vom Reichsgericht aufrechterhaltenen Beweislastarguments, sondern auf Grund folgender Erwägung: Nach § 515 Abs. 3 ZPO. hat die Zurücknahme der Berufung den Verlust des Rechtsmittels und die Verpflichtung zur Folge, die durch das Rechtsmittel entstandenen Kosten zu tragen. Die Tatsache der Zurücknahme allein also genügt zur Realisierung dieser Folgen, ohne daß noch ein dies besonders deklarierender Ausspruch des Gerichts notwendig wäre.[3] Damit ist das Rechtsmittel seinem ganzen Umfange nach der Kognition des Gerichts entzogen. Dieses darf sich mit ihm weder hinsichtlich seiner Zulässigkeit noch hinsichtlich seiner

---

[1] Wach bei Gruchot 36, S. 11.

[2] Anders RG. V v. 21. 3. 1885 (Bolze 1, Nr. 1980): Hier wird Nachweis der Zustellung des Berufungsurteils verlangt.

[3] Dem steht § 515 Abs. 3 ZPO. nicht entgegen.

sachlichen Begründetheit befassen, sondern hat sich lediglich auf die Frage zu beschränken: hat eine Zurücknahme stattgefunden oder nicht? Eine weitergehende Prüfung hätte auch gar keinen Sinn. Denn es ist ganz gleichgültig, ob das Rechtsmittel an sich statthaft, ob es in der gesetzlichen Form und Frist eingelegt war oder nicht. Die Wirkung des Verlusts tritt ein ohne Rücksicht auf diese Voraussetzungen und schließt die Erneuerung des Rechtsmittels — auch in Form des Anschlusses — ein für allemal aus.[1] Mithin ist auch nach Zurücknahme des Rechtsmittels nur die Tatsache der Zurücknahme, nicht auch die Zulässigkeit des Rechtsmittels zu prüfen.

Endlich sei noch einer weiteren Auffassung von der sententia incerta Erwähnung getan, die GAUPP in den älteren Auflagen seines Kommentars vertritt. Danach soll die gesetzliche Folge der Versäumnis des Rechtsmittelklägers der Rechtsmittelverlust sein, welcher ihn unterschiedslos treffe, gleichviel ob das Rechtsmittel zulässig oder unbegründet sei.

Diese Auffassung beruht offenbar auf der irrigen Fiktion der Motive,[2] der säumige Rechtsmittelkläger verzichte auf das Rechtsmittel, und steht mit dem Gesetze in unlöslichem Widerspruche. Die Rechtskraft eines solchen Versäumnisurteils würde jeder Erneuerung des Rechtsmittels entgegenstehen, dieses auch dann ausschließen, wenn es — weil an sich statthaft und nur wirkungslos eingelegt — dem Rechtsmittelkläger nach dem Gesetze noch verbleiben würde. Eine derartige Folge der Säumnis des Rechtsmittelklägers müßte erst im Gesetze — wie z. B. beim Verlust infolge Zurücknahme nach § 515 — ausdrücklich statuiert werden, und da sie das nicht ist, kann sie das Gericht nicht aussprechen. Es ist auch nicht möglich, diese weitergehende Folge

---

[1] WACH bei GRUCHOT 36, S. 19 Note 25 sagt: „unabhängig vom Ablauf der Rechtsmittelfrist"; offenbar auch unabhängig vom Anfang. GAUPP-STEIN wenigstens gibt — Bd. 2, S. 19 — zu, daß keinesfalls möglich ist die „Zwitterauffassung, die den ersten Standpunkt — Verlust unabhängig vom Ablauf der Notfrist — bei einer wirksamen, den zweiten — Verlust nur bei Zurücknahme nach Ablauf der Notfrist — bei einer unwirksam eingelegten Berufung einnimmt und die nachträgliche Anschließung in beiden Fällen gestattet."

[2] HAHN, Materialien S. 293.

der Versäumnis etwa auf § 330 in Verbindung mit § 542 Abs. 1 ZPO. zu stützen, indem man dem „Anspruchsverlust" den „Rechtsmittelverlust" gleichstellt. Denn auch das Urteil aus § 330 kann nur ergehen, wenn die Existenzbedingungen der Sachentscheidung feststehen. Das letztere wird von GAUPP selbst zugegeben, nur leugnet er, daß dieses sein Verlustpräjudiz aus §§ 542, 566 ein Sachurteil sei, weil bei Versäumnis des Rechtsmittelklägers immer nur die Tatsache der Einlegung des Rechtsmittels zur Verhandlung gelange, nicht seine Form und Fristgerechtigkeit, deren Prüfung ohne Sachvortrag nicht möglich sei. Die Unrichtigkeit dieser Argumentation ist schon oben, S. 11, dargetan worden.

Nach alledem wird man nicht umhin können, das ein Rechtsmittel ohne Rücksicht auf seine Gültigkeit verwerfende Versäumnisurteil als eine gesetzes- und zweckwidrige Erfindung zu bezeichnen.[1]

§ 4.

3. Das Versäumnisurteil als Sach- oder Prozeßurteil.

Die der sententia incerta eigene Unsicherheit ihres Inhalts hat man zu beseitigen gesucht durch die Trennung des Versäumnissachurteils von dem Versäumnisprozeßurteil. Das erstere sollte gegen den abwesenden Rechtsmittelkläger ergehen, wenn die Rechtsmittelvoraussetzungen feststehen, das letztere, wenn sie „nicht feststehen", um so mehr also, wenn ein Mangel feststeht.[2] Auf jeden Fall aber hält man noch daran fest, daß das auf Grund einseitiger Verhandlung ergehende Urteil Versäumnisurteil ist. Andrerseits aber gibt man zu, daß eine Prüfung der Rechtsmittelvoraussetzungen stattfinden soll.[3] Das eine läßt sich aber mit dem andern nicht vereinbaren; denn ergibt die Prüfung der Rechtsmittelvoraussetzungen einen Mangel derselben, so ist für ein Ver-

---

[1] WACH bei GRUCHOT 36, S. 13; MUGDAN, ebenda 27, S. 796.

[2] Wenn der Mangel nicht feststeht, aber ebensowenig das Vorhandensein der Existenzbedingungen, so muß der Antrag auf Versäumnisurteil nach § 335 Ziffer 1 zurückgewiesen werden; a. M. MUGDAN bei GRUCHOT 27, S. 801.

[3] So PETERSEN-ANGER Bem. 3 zu §§ 542, 566; WEISMANN 1, S. 410.

säumnisurteil der Reichszivilprozeßordnung kein Raum mehr. Diese kennt als Grundlage für die Klagabweisung nach § 330 und die Rechtsmittelverwerfung nach §§ 542, 566 nur die Versäumnis, aber nicht irgendwelche ungenügende Feststellung der Berufungsvoraussetzungen oder festgestellte Berufungshindernisse.[1]

Genau wie die verwerfliche Erfindung der sententia incerta hat auch — obwohl mit dieser ganz unvereinbar — das Versäumnisprozeßurteil die Anerkennung des höchsten Gerichtshofs gefunden.

Der 4. Zivilsenat des Reichsgerichts verwirft in einem Versäumnisurteile vom 15. Juni 1885[2] eine Revision als „wirkungslos eingelegt", weil das angegriffene Urteil nicht rechtsgültig — unstatthafterweise von Amtswegen — zugestellt war.[3] Das Reichsgericht schafft damit ein reines Versäumnisprozeßurteil. Auch in neueren Entscheidungen hat es diesen Standpunkt nicht aufgegeben; vgl. die Urteile VII vom 1. Mai 1900 und III vom 21. Januar 1902 (Entsch. 46, S. 372 und 50, S. 385ff.). Die letztere Entscheidung sieht ein offensichtlich als kontradiktorisches gemeintes, jedenfalls aber nicht als Versäumnisurteil bezeichnetes Urteil, durch welches das Oberlandesgericht die Berufung wegen verspäteter Einlegung als unzulässig verworfen hat, als Versämnisurteil an. Denn: „Versäumnisurteil ist in jedem Falle von Säumnis zu erlassen, einerlei ob die Sache selbst oder eine Prozeßvoraussetzung in Rede steht." „Es hatte das Berufungsgericht gegen den nicht erschienenen Berufungskläger Versäumnisurteil zu erlassen, auch wenn es die Berufung für unzulässig erachtete, weil die Einlegung nach seiner Meinung erst nach Ablauf der Notfrist erfolgt war." Dieselbe Entscheidung gibt dann zur Rechtfertigung ihres Standpunktes eine Definition des Versäumnisurteils und des kontradiktorischen Urteils dahin: „Es ist ein Urteil dann ein Versäumnisurteil, wenn es auf der totalen Versäumnis einer Partei beruht und deren Folgen — Zugeständnis und Ausschließung der Rechtsbehelfe der säumigen

---

[1] Vgl. unten § 9.

[2] Bolze 1, Nr. 1978.

[3] Ebenso RG. Entsch. 4, S. 414—416. Gegen diese Entscheidung insbesondere Mugdan bei Gruchot 27, S. 790ff.

Partei — zur Verwirklichung bringt, während ein kontradiktorisches Urteil dann erlassen worden ist, wenn eine Partei als vertreten angesehen worden ist."[1] Schon die Fassung dieser Definition, insbesondere in ihrer zweiten Hälfte, ist keine glückliche.[2] Jedenfalls sagt sie aber gar nicht das was sie sagen will. Denn wenn Versäumnisurteil nur das Urteil sein soll, das „auf der totalen Versäumnis einer Partei beruht", so kann gerade das vom Reichsgericht als solches bezeichnete Urteil des Oberlandesgerichts kein Versäumnisurteil sein, denn es beruht nicht auf der Versäumnis, sondern auf der von der Säumnis unabhängigen Feststellung der Unzulässigkeit des Rechtsmittels (vgl. unten § 9).

Von dem an sich sehr richtigen Grundsatze ausgehend, daß das Berufungsgericht nicht eher in der Sache selbst erkennen könne, bis seine Berechtigung dazu durch den bei Säumnis des Rechtsmittelklägers noch fehlenden Beweis der Zulässigkeit der Berufung feststehe, gelangt Planck[3] zu dem eigentümlichen Resultate, daß er die Verwerfung des Rechtsmittels als unzulässig als die regelmäßige Folge der Versäumnis des Rechtsmittelklägers annimmt. Er räumt zwar dem Rechtsmittelbeklagten beide Möglichkeiten zur Wahl ein: er soll Verwerfung als unzulässig und als unbegründet beantragen können. Dem letzteren Antrage wäre jedoch nur dann stattzugeben, wenn entweder der Rechtsmittelkläger erst in einem späteren Termine säumig wird und in dem früheren Termine die Zulässigkeit des Rechtsmittels schon festgestellt ist oder der Rechtsmittelbeklagte es auf sich nimmt, seinerseits die Zulässigkeit nachzuweisen.

Diese Ansicht enthält ganz gewiß einiges Richtige: es ist ihr beizupflichten, insofern sie eine sachliche Entscheidung über das Rechtsmittel nicht eher zuläßt, als bis seine Zulässigkeit nachgewiesen ist; aber andrerseits darf auch die Verwerfung als unzulässig erst ausgesprochen werden, wenn die Unzulässigkeit wirklich feststeht. Denn das Gesetz kennt keine Verwerfung als unzulässig auf Grund der Versäumnis des Rechtsmittelklägers,

---

[1] a. a. O. S. 388.

[2] Beachte insbesondere den Passus „wenn eine Partei als vertreten angesehen worden ist"!

[3] Bd. 2, S. 502.

sondern nur auf Grund der Offizialprüfung des § 535 ZPO. PLANCK stützt sich zwar auf den Wortlaut des § 330 ZPO. und meint, dieser Paragraph lasse sowohl eine absolutio ab instantia als auch eine absolutio ab actione zu, das Wahlrecht gebühre dem Beklagten;[1] allein die Abweisung der Klage nach § 330 kann richtig nur als Entscheidung über den Anspruch selbst, als Sachentscheidung aufgefaßt werden: denn die Anwendbarkeit des Versäumnisverfahrens setzt die Relevanz der Versäumnis voraus; diese mangelt aber bei den von Amts wegen zu prüfenden Umständen.[2]

Besondere Betrachtung verdient an dieser Stelle noch der Fall, daß nach erfolgter Zurücknahme des Rechtsmittels der Rechtsmittelkläger im Termine ausbleibt. Können dann auf Antrag des allein erschienenen Rechtsmittelbeklagten die Folgen der Zurücknahme durch Versäumnisurteil ausgesprochen werden? Man würde es dann mit einem reinen Versäumnisprozeßurteil zu tun haben.

Das Reichsgericht bejaht die Frage,[3] indem es sich auf den schon erwähnten formalistischen Standpunkt stellt, daß Versäumnisurteil dort zu erlassen sei, wo der Richter seinen Urteilsstoff nur von einer Partei habe, und führt dann weiter aus,[4] auch in betreff der prozessualen Tatsache der Zurücknahme machten sich die Folgen eines Versäumnisses der einen oder der andern Partei geltend. Es sei ein anderes, ob der Richter auf Vortrag beider Parteien über die seiner Beurteilung unterstellten Tatsachen zu urteilen habe oder ihm nur von einer Partei die Materialien vorgelegt werden. Es könne sich sogleich diese Verschiedenheit im Resultate bei der Erörterung der Frage, ob der Fall eines Versäumnisses vorliegt oder vorlag, geltend machen. So könne bei Anwesenheit beider Teile die Frage, ob die Revision tatsächlich zurückgenommen sei, sehr wohl Gegenstand eines Streits

---

[1] PLANCK 2, S. 375; übereinstimmend ENDEMANN zu § 295 (a. Z.).

[2] Vgl. unten § 7.

[3] In Betracht kommen RG. I v. 11. 1. 1885 (Entsch. 6, S. 364), VI v. 10. 5. 1893 und 30. 10. 1893 (Entsch. 31, S. 404 und 432), und die bei BOLZE 1, Nr. 1974 zitierten Entscheidungen.

[4] RG. Entsch. 6, S. 365.

und folgeweise Gegenstand der mündlichen Verhandlung sein. Erscheine nun nur der Revisionsbeklagte, so blieben solche denkbaren und möglichen Einwendungen, wie sie der Revisionskläger hätte vorbringen können, wenn er erschienen wäre, von der Verhandlung ausgeschlossen. Der Richter habe dann nur auf Grund der ihm vom Revisionsbeklagten vorgelegten Materialien zu entscheiden, ob das Rechtsmittel zurückgenommen sei. Ferner sei es denkbar, daß der Revisionskläger sich auf ein Abkommen berufen könne, in welchem zwischen den Parteien über die Kosten der von jenem zurückzunehmenden Revision anders bestimmt war. Bliebe nun der Revisionskläger aus, so sei über den Antrag des Revisionsbeklagten zu entscheiden, ohne daß mögliche, aber nicht vorgebrachte Einwendungen des nicht erschienenen Revisionsklägers in Betracht zu ziehen seien. Falls nun der Antrag gerechtfertigt sei, so sei dementsprechend durch Versäumnisurteil zu erkennen, gerade wie nach § 331 ZPO. dem Antrage des Klägers entsprechend zu erkennen sei, wenn derselbe durch die vorgebrachten Tatsachen gerechtfertigt werde. Daß diese Folge des Versäumnisses des Revisionsklägers mit einem Versäumnisurteil eintrete, entspreche auch dem praktischen Bedürfnisse. Mache sich einmal — was ja nicht häufig vorkomme, aber doch möglich sei — die Anfechtung eines solchen Urteils notwendig, so gäbe es dann keinen Einspruch und somit gegen das in höchster Instanz ergangene Urteil dieses Inhalts überall kein Rechtsmittel.

Das Reichsgericht will hier also den § 331 ZPO. auf die vom Rechtsmittelbeklagten behauptete Rücknahmetatsache zur Anwendung bringen. Das erscheint in doppelter Hinsicht gewagt. Denn einmal handelt § 331 von den vom Kläger zur Rechtfertigung seines Klag-, also Sachantrags behaupteten Tatsachen, und dann kann die Geständnisfiktion des § 331 doch offenbar dort nicht Platz greifen, wo selbst ein ausdrückliches Geständnis einflußlos wäre,[1] nämlich bei von Amtswegen zu prüfenden, also der Parteiendisposition entzogenen prozessualen Tatsachen, zu denen auch die Zurücknahme des Rechtsmittels gehört. Hinsichtlich ihrer ist also relevante Säumnis überhaupt nicht möglich.[2]

---

[1] Wach, Vorträge S. 170.

[2] Vgl. unten § 7.

Schon oben[1] wurde kurz dargetan, daß die Zurücknahme des Rechtsmittels ipso jure den Verlust desselben wirkt und es der Kognition des Gerichts entzieht. Das Gericht darf also über dasselbe gar nicht mehr erkennen, selbst wenn die Parteien etwa darüber ihr Einverständnis erklären wollten, daß eine Zurücknahme nicht erfolgt sei; es darf sich weder mit der Frage befassen, ob es begründet war, noch mit der Frage nach seiner Zulässigkeit. Vielmehr hat es nur zu prüfen, ob das Rechtsmittel zurückgenommen worden ist oder nicht, was sich mit Rücksicht auf die Vorschrift in § 515 Abs. 2 Satz 2 in der Regel leicht wird feststellen lassen, und nur auf das Ergebnis dieser Prüfung hat es seine Entscheidung zu stützen, nicht aber auf das Ausbleiben der einen oder andern Partei. Das sieht das Reichsgericht offenbar auch ein. Denn am Eingange der oben angeführten Entscheidung (Bd. 6, S. 365) sagt es selbst: „den Grund für den auf Antrag des Revisionsbeklagten auszusprechenden Verlust des Rechtsmittels bildet also die Zurücknahme und nicht der Umstand, daß der Revisionskläger in dem auf heute verlegten Termine, welcher ursprünglich zur mündlichen Verhandlung über die Revision anstand, nicht erschienen ist. Auch ist die Stellung des urteilenden Richters bezüglich der in Frage kommenden prozessualischen Tatsachen eine andere als in bezug auf die das unter den Parteien streitige materielle Rechtsverhältnis begründenden Tatsachen."

Trotz dieser Erkenntnis erläßt es das Urteil aus §§ 515 Abs. 3, 566 gegen den säumigen Revisionskläger als Versäumnisurteil, und zwar — wie es am Schlusse heißt — um diesem, dem im Falle eines kontradiktorischen Urteils ein Rechtsmittel nicht mehr zu Gebote steht, den Einspruch zu wahren, also lediglich um einem praktischen Bedürfnis Rechnung zu tragen. Nun mag ja ein praktisches Bedürfnis de lege ferenda ein nicht genügsam zu schätzender Faktor sein; daß es de lege lata nur soweit Beachtung finden kann, als es sich mit dem Gesetz in Einklang bringen läßt, darf wohl als selbstverständlich angenommen werden.

Zu welchen Konsequenzen der vom Reichsgericht vertretene Standpunkt führt, zeige folgender Fall: Der Rechtsmittelkläger

---

[1] S. 12f.

hat sein Rechtsmittel wirksam zurückgenommen, die Notifikation an das Gericht ist jedoch aus irgend einem Grunde unterblieben. Jetzt kündigt der Rechtsmittelbeklagte mittels eines auch bei Gericht hinterlegten Schriftsatzes den Antrag aus § 515 Abs. 2 Satz 2 an. Im Termin erscheint nur der Rechtsmittelkläger. Er behauptet, er habe das Rechtsmittel nicht zurückgenommen. Das wird gemäß § 331 ZPO. als zugestanden angenommen. Er beantragt weiter den Antrag des Rechtsmittelbeklagten zurückzuweisen und Versäumnisurteil gegen ihn zu erlassen! — Billigt man die Ansicht des Reichsgerichts, so darf man auch vor dieser Konsequenz nicht zurückschrecken.

Eine eigentümliche Stellung hinsichtlich des Urteils aus § 515 Abs. 3 ZPO. nimmt Möller[1] ein. Er macht einen Unterschied, ob das Urteil aus § 515 gegen den ausbleibenden Berufungskläger beantragt wird in dem ursprünglich zur Verhandlung über die Berufung bestimmten Termine, oder ob der Berufungsbeklagte von neuem zu diesem oder einem andern Termine geladen und in dem Ladungsschriftsatz den Antrag aus § 515 angekündigt und mit der Behauptung der Zurücknahme begründet hat. Im ersteren Falle gibt er überhaupt kein Urteil; im letzteren Falle gibt er ein Versäumnisurteil mit dem Inhalte, daß der Berufungskläger des Rechtsmittels für verlustig erklärt wird.

Was nun den ersten Fall anlangt, so führt Möller aus, das Urteil aus § 515 Abs. 3 setze eine mündliche Verhandlung voraus, bedinge also, daß entweder beide Parteien anwesend seien oder die Voraussetzungen eines Versäumnisurteils vorlägen; der Berufungsbeklagte habe zur Begründung seines Antrags die Tatsache vorzubringen, daß ihm ein die Erklärung der Zurücknahme der Berufung enthaltender Schriftsatz des Gegners zugestellt sei. Er müßte diese Tatsache, wenn der Gegner sie bestreiten sollte, beweisen. Diesen Beweis aber in Abwesenheit des Berufungsklägers zu führen, sei ebenso unstatthaft, als das Verlangen, daß jene Tatsache für zugestanden erachtet werde. In dem zur Verhandlung über die Berufung bestimmten Termine könnte jedoch gegen den ausbleibenden Berufungskläger nur auf Zurückweisung der

[1] Bei Gruchot 26, S. 182ff.

Berufung erkannt werden. Diese Folge scheide aus, wenn die Berufung bereits zurückgenommen sei. Andre Folgen der Versäumnis des Berufungsklägers habe aber das Gesetz nicht festgesetzt, und die Geständnisfolge des § 331 gegen den nicht erschienenen Berufungskläger anzuwenden, sei wegen der Verschiedenheit der Folgen der Versäumnis des Berufungsklägers und der der Versäumnis des Berufungsbeklagten nicht angängig.

Was hier Möller gegen das Versäumnisurteil sagt, ist allenthalben anzuerkennen. Hingegen ist nicht ersichtlich, warum er ein kontradiktorisches Urteil nicht zulassen will, wo es doch kaum einem Zweifel unterliegt, daß es auch kontradiktorische Urteile gibt, die auf Grund einseitiger Verhandlung ergehen.[1]

Um nun beim Ausbleiben des Berufungsklägers überhaupt zu einem Urteil aus § 515 zu gelangen, schlägt Möller folgenden Weg vor:[2] „Der Berufungsbeklagte muß seinerseits selbst als Kläger auftreten. Er wird den Gegner zur mündlichen Verhandlung mittels eines Schriftsatzes laden, in welchem der in § 515 Abs. 3 ZPO. gedachte Antrag und das Vorbringen der Tatsache angekündigt wird, daß der Berufungsbeklagte die Berufung durch Zustellung eines Schriftsatzes zurückgenommen habe. Mit Rücksicht auf § 335 Ziffer 2, 3 wird er zu dem bereits bestimmten Termine nur in dem Falle laden können, wenn die §§ 217, 132 ZPO. vorgeschriebene Frist von einer Woche noch gewahrt wird; andernfalls muß er die Bestimmung eines neuen Termins betreiben.“ Unter diesen Voraussetzungen also soll ein Versäumnisurteil mit dem Inhalte, daß der Rechtsmittelkläger des Rechtsmittels für verlustig erklärt wird, zulässig sein, und zwar deshalb, weil dann erstens der Gegner rechtzeitig geladen ist und zweitens ihm der Antrag auf Erlaß des Urteils aus § 515 Abs. 3 ZPO. sowie das tatsächliche mündliche Vorbringen — nämlich die behauptete Rücknahmetatsache — rechtzeitig durch Schriftsatz mitgeteilt sind. Offenbar soll — anders sind Möllers Ausführungen nicht zu verstehen — das nun gegen den ausbleibenden Rechtsmittelkläger ergehende Versäumnisurteil auf der Geständnisfolge

[1] Vgl. unten § 9.
[2] a. a. O. S. 185.

des § 331 Abs. 1, also der Säumnis des Rechtsmittelklägers, beruhen, was er vorher im Falle, daß eine Neuladung und Mitteilung durch Schriftsatz nicht erfolgt ist, ausdrücklich abgelehnt hat. Daß aber der Rechtsmittelbeklagte lediglich dadurch, daß er als die prozeßbetreibende, die tätige Partei auftritt, noch nicht die „Rolle des Rechtsmittelklägers“ übernimmt und den Rechtsmittelkläger in die Rolle des Rechtsmittelbeklagten verdrängt, sodaß gegen diesen die Vorschrift des § 331 ZPO. Platz griffe, bedarf wohl keines besonderen Nachweises. Rechtsmittelkläger ist und bleibt der, welcher das Rechtsmittel eingelegt hat.

Man wird also sagen müssen, daß nach erfolgter Zurücknahme des Rechtsmittels für ein Versäumnisurteil überhaupt kein Raum mehr ist, daß vielmehr das Urteil aus § 515 Abs. 3 ZPO., da nicht auf die Säumnis des Rechtsmittelklägers, sondern unabhängig von dieser auf die von Amtswegen festzustellende Tatsache der Zurücknahme des Rechtsmittels gestützt, in jedem Falle als kontradiktorisches Urteil ergehen muß.

III. Die Voraussetzungen des Versäumnisverfahrens in der ersten Instanz.

§ 5.

I. Im allgemeinen.

Darf man nach den bisherigen Ausführungen als feststehend annehmen, daß das in der Rechtsmittelinstanz ergehende Versäumnisurteil in jedem Falle, gleichviel ob der Rechtsmittelbeklagte oder der Rechtsmittelkläger nicht erschienen ist, eine Sachentscheidung über das Rechtsmittel enthält, also bedingt ist durch das Vorhandensein der prozessualen Existenzbedingungen der Rechtsmittelinstanz, so kann man rückwärts aus der Tatsache, daß das Versäumnisverfahren der Rechtsmittelinstanz nur auf der analogen Anwendung der Bestimmungen über das erstinstanzliche Versäumnisverfahren beruht, folgern, daß auch das in der ersten Instanz ergehende Versäumnisurteil stets über den geltend gemachten Anspruch selbst entscheidet und die Existenzbedingungen des Prozesses überhaupt zur notwendigen Voraussetzung haben muß.

Welche prozessualen Tatsachen zu den Existenzbedingungen des Prozesses, den sogenannten absoluten Prozeßvoraussetzungen, gehören, ist bestritten. Auf diesen Streit hier einzugehen, würde jedoch im Rahmen dieser Abhandlung zu weit führen. Im folgenden soll — mit der wohl herrschenden Meinung — davon ausgegangen werden, daß 1. die Zulässigkeit des Rechtsweges im Gegensatz zum Verwaltungsweg (§ 274 Ziffer 2), 2. die Zuständigkeit des Gerichts (§ 274 Ziffer 1), 3. die Partei- und Prozeßfähigkeit der Parteien und die Vertretungsfähigkeit und die Vertretungsbefugnis ihrer Vertreter (§ 274 Ziffer 7) zu ihnen gehören.[1] Diese also hätte — die Richtigkeit der Eingangs erwähnten Schlußfolgerung vorausgesetzt — das Gericht vor Erlaß eines Versäumnisurteils von Amtswegen zu prüfen; es hätte bei feststehendem Mangel einer dieser Voraussetzungen die Klage durch kontradiktorisches Urteil ab instantia abzuweisen, bei mangelndem Nachweise ihres Vorhandenseins aber die Erlassung des Versäumnisurteils nach § 335 Ziffer 1 ZPO. abzulehnen.

Soweit eine Versäumnis des Beklagten in Frage kommt, wird die Notwendigkeit dieser Prüfung auch hier wie in der Rechtsmittelinstanz von keiner Seite bestritten. Diese an sich erfreu-

---

[1] So Wach, Vorlesungen (Manuskript) § 42 u. a. — Der Streit dreht sich, abgesehen von der exc. lit. pend., hauptsächlich darum, ob die Zuständigkeit des Gerichts stets absolute Prozeßvoraussetzung ist, oder ob sie nicht bei prorogierbarem Forum nur eine relative ist und demgemäß ihr Mangel nur eine verzichtbare Einrede begründet. Aus §§ 38ff. ZPO. jedenfalls folgt die Relativität der Voraussetzung nicht; sondern das Gegenteil. Wenn bei Prorogationsmöglichkeit sich der Beklagte vor an sich unzuständigem Gericht zur Hauptsache eingelassen hat, so kann er die Einrede der Unzuständigkeit nicht deshalb nicht mehr geltend machen, weil er mit ihr nach § 274 präkludiert ist — eine solche Präklusion ist eben bei unverzichtbaren Einreden nicht möglich —, sondern weil das an sich unzuständig gewesene Gericht durch die Prorogation zuständig geworden ist (§ 38 ZPO), und deshalb der Einrede der Unzuständigkeit überhaupt die Grundlage entzogen ist. Die Folgen dieses Unterschieds zeigen sich praktisch im Hinblick auf § 274 Abs. 3 am Ende insofern, als sich der Beklagte dann nicht darauf berufen kann, daß er nicht imstande gewesen sei, die Einrede vor der Verhandlung zur Hauptsache geltend zu machen.

liche Übereinstimmung der Meinungen beruht jedoch, abgesehen von der bereits früher erwähnten irrigen Auffassung, „nur der Kläger habe die Existenzbedingungen des Prozesses zu beweisen, nur er habe die in § 335 Ziffer 1 geforderten Nachweise zu erbringen", auf einer Verkennung der Vorschrift des § 331 Abs. 2 ZPO., andernfalls müßte sie in gleicher Weise wie bei der Säumnis des Beklagten auch bei der des Klägers zutage treten.

Was den § 331 ZPO. angeht, so hat man die dort vorgeschriebene Tatsachenprüfung außer auf die anspruchbegründenden auch auf die prozeßbegründenden Tatsachen ausgedehnt[1] und aus dem Fehlen einer entsprechenden Vorschrift bei der Säumnis des Klägers gefolgert, daß weder auf die eine noch auf die andere eingegangen werden dürfe. Richtig ist, daß das Gericht im Falle des § 330 auf die Prüfung, ob der Anspruch begründet ist, nicht einzugehen hat. Von einer andern ist aber auch in § 331 Abs. 2 nicht die Rede. § 331 Abs. 2 ZPO. lautet: „Soweit dasselbe — das mündliche Vorbringen — den Klagantrag rechtfertigt, ist nach dem Antrage zu erkennen; soweit dies nicht der Fall ist, ist die Klage abzuweisen." Danach hat das Gericht zu prüfen die zur Begründung des Klagantrags, d. h. des Sachantrags vorgebrachten, also die anspruchsbegründenden Tatsachen. Eine Prüfung der prozeßbegründenden Tatsachen schreibt § 331 nicht vor. Diese hier besonders anzuordnen, hatte das Gesetz auch gar keinen Grund: sie gilt allgemein für den ganzen Zivilprozeß. Die prozeßbegründenden Tatsachen konnten auch um deswillen in § 331 Abs. 2 nicht gemeint sein, weil auf sie die Vorschrift des § 331 Abs. 1 keine Anwendung leidet.[2] Dem gegnerischen argumentum e contrario fehlt also die Hauptsache: das contrarium.[3]

---

[1] Meyer, Zeitschr. 9, S. 338; Hahn, Mat. S. 296.

[2] Siehe unten § 7.

[3] Hiermit steht in keinem Zusammenhange die Frage, ob das Urteil aus § 331 Abs. 2, das die Klage abweist, Versäumnisurteil oder kontradiktorisches Urteil ist. Die bei Versäumnis des Beklagten ergehende Prozeßabweisung beruht überhaupt nicht auf § 331 (trotz der Motive; vgl. Hahn, Mat. S. 296), sondern auf dem Ergebnis der Offizialprüfung; sie erfolgt in jedem Falle durch kontradiktorisches Urteil, mag man im

Hiernach liegt also kein Grund vor, eine Prüfung, die man bei der Versäumnis des Beklagten allgemein für erforderlich erachtet, im Falle des Ausbleibens des Klägers nicht stattfinden zu lassen. Dem widerspräche auch der von der Zivilprozeßordnung allgemein und beim Versäumnisverfahren noch besonders[1] anerkannte Grundsatz der vollkommenen Parteiengleichheit. Ebenso erscheint es abwegig, den § 335 Ziffer 1 ZPO. nur bei der Säumnis des Beklagten, nicht auch bei der des Klägers zur Anwendung zu bringen.[2]

§ 6.

2. Die Motive zur Zivilprozeßordnung.

Schon oben wurde angedeutet, daß das Gesetz hinsichtlich der Frage, ob ein Versäumnisurteil stets Sachurteil sein muß oder ob es auch Prozeßurteil sein kann, an der wünschenswerten Deutlichkeit fehlen läßt. Bei § 331 ZPO. ist das ja nicht eigentlich der Fall. Er spricht ausdrücklich vom Erkennen nach dem Antrage (§ 331 Abs. 2), und daß damit nur der unmittelbar vorher genannte Klagantrag, nicht der in Absatz 1 erwähnte Antrag auf Versäumnisurteil gemeint ist, unterliegt wohl keinem Zweifel.

Anders bei § 330. Sein nackter Wortlaut läßt sowohl eine Sachabweisung als auch eine absolutio ab instantia zu.[3] Aber der Grundsatz der Parteiengleichheit, der Parallelismus mit § 331 sowie die Geschichte des § 330 sprechen gegen die letztere Auslegung.

Frühere Gesetzgebungen — vgl. Hannöverscher Entwurf I. Lesung — erließen allerdings gegen den säumigen Kläger auf Grund der Annahme, „daß er vom Prozesse abstehe", das Versäumnisurteil nur dahin, daß er mit der Klage „in angebrachter Art" abgewiesen werde.

übrigen der Ansicht Wachs (Vorträge S. 191) und Kohlers (Prozeß als Rechtsverhältnis S. 67) folgen oder nicht. — A. M. Fitting S. 344 Note 11, der auch dieses Prozeßurteil als Versäumisurteil bezeichnet.

[1] Motive s. Hahn, Mat. S. 293.

[2] Siehe unten § 8.

[3] Planck 2, S. 375 läßt deshalb abs. ab act. und abs. ab inst. nach Wahl zu.

Diese Auffassung wird jedoch von den Motiven[1] ausdrücklich abgelehnt. Nach ihnen ist das Versäumnisurteil des § 330 ZPO. ebenso wie das des § 331 Sachurteil. Ausgehend von der allerdings heute nicht mehr haltbaren[2] Annahme, der säumige Kläger wolle auf den geltend gemachten Anspruch verzichten, führen sie aus: „Gegen den Kläger ist in § 285 (Entwurf; jetzt § 330 ZPO.) die Kontumazialfolge dahin festgestellt, daß er mit der Klage abzuweisen sei; eine sachliche Prüfung der letzteren findet nicht statt; vielmehr hat das Gericht auf Antrag anzunehmen, daß der Kläger seinen Anspruch nicht mehr aufrecht erhalten wolle, und folglich die Klage abzuweisen. Durch das wider den Kläger ergehende Versäumnisurteil wird mithin über den Klagantrag selbst erkannt. Insoweit ist eine gleichmäßige Behandlung des Klägers und des Beklagten im Falle ihres Nichterscheinens gerechtfertigt."

Damit ist unzweideutig zum Ausdruck gebracht, daß das gegen den säumigen Kläger auf Grund des § 330 ZPO. ergehende Versäumnisurteil ein den geltend gemachten Anspruch verneinendes Sachurteil ist. Ein solches kann aber ebensowenig wie jedes andere Sachurteil erlassen werden, solange nicht seine Existenzbedingungen, die absoluten Prozeßvoraussetzungen, festgestellt worden sind.

§ 7.

3. Die Offizialmaxime bei der Feststellung der absoluten Prozeßvoraussetzungen.

Unser Zivilprozeß ist beherrscht von der Dispositions- oder Verhandlungsmaxime; die Parteien herrschen über die Streitsache, sie herrschen über die Rechtsverfolgung (ne procedat judex ex officio), über den Prozeßgegenstand (ne eat judex ultra petita partium), über den Prozeß- und Urteilsstoff (judex judicet secundum allegata et probata partium, nec secundum suam conscientiam). Dieses Prinzip gilt jedoch nicht ausnahmslos: es gilt, soweit die privaten Interessen der Parteien in Frage stehen; hin-

---

[1] Hahn, Mat. S. 293.

[2] Wach, Vortr. S. 166 und bei Gruchot 36, S. 9.

sichtlich aller der Umstände jedoch, an deren Feststellung das öffentliche Interesse als das Interesse des Staats an einer geordneten Rechtspflege beteiligt ist, hat es der Offizialmaxime, dem Prinzipe der Erforschung der materiellen Wahrheit zu weichen: es hat insoweit eine Prüfung von Amtswegen auch im Zivilprozesse stattzufinden.[1]

Das öffentliche Interesse erstreckt sich nun, abgesehen von den Fällen, in denen es, wie beispielsweise im Eheprozesse, bedingt ist durch die besondere Natur des in judicium deduzierten Streitverhältnisses, im Zivilprozesse insbesondere darauf, daß nur in einem gültig zustandegekommenen judicium gültig prozediert werde, daß vor zuständigem Gerichte, über eine zum Rechtsweg geeignete Sache, durch prozessualisch handlungsfähigen oder zum vertretungsweisen Handeln Legitimierten prozediert werde, mit andern Worten, es erstreckt sich auf die Frage nach dem Vorhandensein der sogenannten absoluten Voraussetzungen des Prozesses. Diese Frage also ist der Disposition der Parteien entzogen; sie hat das Gericht „von Amtswegen" zu prüfen.[2]

Treffend führt schon Bülow (1868)[3] aus: „Die Gültigkeit des Prozeßverhältnisses ist keine Frage, welche ihrem ganzen Umfange nach der Disposition der Parteien überlassen werden darf. Denn es handelt sich bei dem Abschlusse dieses Rechtsverhältnisses nicht um eine private, lediglich durch individuelle Interessen beeinflußte Vereinbarung beider Parteien, sondern um einen unter aktiver Beteiligung des Gerichts, unter der Autorität des Staates vor sich gehenden öffentlich-rechtlichen Akt, dessen Erfordernisse zum bei weitem größten Teile absoluter, zwingender Natur sind. Eine unsubstantiierte Klage darf nicht eingeleitet werden, der vor einer nicht richterlichen Behörde, vor einem inkompetenten, nicht prorogierten Gerichte, der von einer handlungsunfähigen Partei, der mit einem nicht legitimierten Stellvertreter, der über einen nicht privatrechtlichen Anspruch geführte Zivilprozeß ist unter allen Umständen unzulässig, nichtig und hinfällig, mag der

---

[1] Wach, Vorträge S. 210.

[2] Vgl. Hellwig 1, S. 165ff.; 2, S. 21ff.; Schmidt S. 668.

[3] Die Lehre von den Prozeßeinreden und die Prozeßvoraussetzungen S. 303.

Beklagte ihn gelten lassen wollen oder nicht. Das Gericht hat nicht abzuwarten, ob der Beklagte jene Mängel rügt. Es hat dieselben zu beachten, gleichviel von welcher Seite her sie ihm bekannt werden."

Im weiteren führt Bülow jedoch die Offizialmaxime nicht konsequent durch, indem er hinsichtlich der Beschaffung des Materials für die Entscheidung dem Gerichte die Befugnis zur Offizialtätigkeit abspricht und es auf die rechtliche Prüfung des ihm von den Parteien vorgetragenen Materials beschränkt. Damit ist in Wahrheit doch wieder das Dispositionsprinzip für das betreffende Verfahren anerkannt.

Die Offizialmaxime, die „Prüfung von Amtswegen", richtig erfaßt, führt jedoch zu folgendem Ergebnis:[1]

Den Beteiligten ist einmal jede direkte Disposition über das in Frage stehende Rechtsverhältnis durch Verzicht,[2] Vergleich oder Anerkenntnis entzogen. „Feststellung der Zulässigkeit des Rechtsweges durch Anerkenntnis des Beklagten, Zulassung eines unstatthaften Rechtsmittels auf dem Wege des Vergleichs zwischen den Parteien sind rechtlich ebenso unmöglich, wie wenn etwa der Verbrecher und der durch das Verbrechen Verletzte oder der Staatsanwalt über den aus dem Verbrechen für den Staat erwachsenen Strafanspruch durch Verzicht, Vergleich oder Anerkennung verfügen wollten. Hier wie dort gilt das Prinzip der absoluten Unantastbarkeit." So weit geht auch Bülow (s. o.). Um aber dem Prinzipe der Offizialprüfung volle Geltung und vor allem volle praktische Geltung zu verschaffen, muß man den Beteiligten auch jede indirekte Disposition über den Gegenstand der Offizialprüfung versagen. Die Parteien dürfen weder über die Vollständigkeit des dem Urteile zugrunde zu legenden Tatsachenmaterials, noch über die Wahrheit der für die Entscheidung relevanten Tatsachen verfügen können.

Während sonst nur die Parteien berechtigt sind, die zur Begründung ihrer Anträge erforderlichen Tatsachen zu behaupten und zu beweisen, der Richter nur secundum allegata et probata

[1] Vgl. Birkmeyer, Zeitschr. 7, S. 183ff.

[2] Vgl. § 274 Abs. 2, 3, § 295 Abs. 2 ZPO.

partium urteilen, weiteres Material nicht aufspüren und, soweit ihm solches bekannt, nicht verwerten darf (nec secundum suam conscientiam), ist er bei der Offizialprüfung an das von den Parteien vorgetragene Material nicht gebunden, er ist vielmehr nicht nur berechtigt, sondern auch verpflichtet, ungeachtet des Schweigens der Parteien, alle Tatsachen, die ihm für die Entscheidung erheblich erscheinen, selbst aufzusuchen.

Während ferner sonst im Zivilprozeß das Einverständnis der Parteien über die Wahrheit und Unwahrheit einer Tatsache für den Richter unbedingt bindend ist, weiterhin dem Tatsachengeständnis einer Partei oder ihrem Nichtbestreiten die Kraft innewohnt, die zugestandene oder nicht bestrittene Tatsache — mag diese noch so unwahr sein — zur wahren zu machen und umgedreht, so gelten alle diese Grundsätze nicht bei der Feststellung der von Amtswegen zu prüfenden Umstände. Hier ist ein Einverständnis über die Wahrheit oder Unwahrheit einer Tatsache ausgeschlossen, und die Kraft des Geständnisses hängt lediglich von seiner inneren Wahrheit ab; es unterliegt wie im Strafprozesse der freien Würdigung des Gerichts; eine Anwendung des § 288 ZPO. ist ausgeschlossen.[1]

Endlich muß im Offizialverfahren auch die gesetzliche Regelung der Beweislast zessieren: die Rechtsnorm probatio incumbit ei qui dicit. Es wird zwar faktisch die Beweislast dem Richter zum großen Teil von den Parteien abgenommen, soweit nämlich ihr privates Interesse sie dazu führt. Indessen ist der Richter an diese Angaben nicht gebunden; er hat das Recht und die Pflicht, auch andere Mittel zur Erforschung der Wahrheit selbst ohne Verlangen der Parteien anzuwenden.[2]

---

[1] Ebenso Gaupp-Stein zu § 288 S. 679 und Vorbem. zu §§ 128ff. S. 342f.; Wilmowski-Levy zu 288; Struckmann-Koch ebenda (S. 375); Seuffert Nr. 7 zu § 288; Reincke S. 298; Schmidt S. 497 u. a. — Vgl. auch Hahn, Mat. S. 614: „Es muß unterschieden werden, ob eine vom Kläger angeführte Tatsache den Anspruch selbst oder die Grundlage der Kompetenz des Gerichts betrifft. Die letztere ist objektiv zu prüfen."

[2] Birkmeyer, Zeitschr. 7, S. 223; Troll S. 42, 43. Eine über die zweckmäßige Ausübung des Fragerechts hinausgehende Forschung ist dem Richter natürlich nicht auferlegt; vgl. Wach, Vorträge S. 210.

Sind nun aber nach dem eben Ausgeführten die von Amtswegen zu prüfenden Tatsachen sowohl hinsichtlich ihrer Vollständigkeit als hinsichtlich ihrer Wahrheit der Disposition der Parteien entzogen, so folgt daraus, daß auf sie auch die gesetzlichen Fiktionen, die sonst im Zivilprozesse an die Unterlassungen der Parteien geknüpft sind, keine Anwendung finden können.[1] Denn „jede Fiktion enthält ein bewußtes Operieren mit einer Unwahrheit"; das widerstreitet dem Prinzip der materiellen Wahrheit; es würde die Anerkennung der Fiktion als Folge der Unterlassungen hinsichtlich der ex officio zu prüfenden Umstände diese der Disposition der Parteien ausliefern.[2]

Daraus folgt aber weiter, daß auf die Feststellung der ex officio zu prüfenden Tatsachen ein Verfahren nicht Anwendung leiden kann, bei dem gerade die Unterlassungen der Parteien und die etwa daran geknüpften Fiktionen zur alleinigen Urteilsgrundlage gemacht werden: nämlich das Versäumnisverfahren. Dieses setzt stets Dispositionsbefugnis der Parteien über den Verhandlungsgegenstand voraus.[3] Ihr ist aber im Zivilprozeß nur die res in judicium deducenda sive deducta, das materielle Streitverhältnis unterworfen. Nur über dieses kann im Versäumnisverfahren entschieden werden; mit andern Worten: das Versäumnisurteil muß stets eine Sachentscheidung enthalten; es kann niemals Prozeßurteil sein.[4]

§ 8.

4. Die Vorschrift des § 335 Ziffer 1 ZPO.

Folgt schon aus der Natur des Versäumnisurteils als eines Sachurteils (s. § 7) die Notwendigkeit der Prüfung der absoluten Prozeßvoraussetzungen auch im Versäumnisverfahren, so wird

---

[1] Ausgenommen natürlich, wo solche auch für die ex off. zu prüfenden Tatsachen ausdrücklich vorgeschrieben sind; vgl. § 39 ZPO.

[2] Birkmeyer, Zeitschr. 7, S. 189.

[3] Wach im Arch. f. d. ziv. Prax. 62, S. 392, bei Gruchot 24, S. 714 und Vorträge S. 161. — A. M. Meyer, Zeitschr. 9, S. 327.

[4] Hinsichtlich des Versäumniszwischenurteils (s. oben S. 1 Note 2) sei hier kurz folgendes bemerkt: Soweit der Zwischenstreit eine ex off. zu

diese noch ausdrücklich anerkannt in § 335 Ziffer 1 ZPO. Dieser Paragraph macht den Erlaß des Versäumnisurteils abhängig von dem vorgängigen Nachweis der „von Amtswegen zu prüfenden Umstände". Unter diesen von Amtswegen zu prüfenden Umständen" sind in erster Linie die allgemeinen Prozeßvoraussetzungen zu verstehen. Die Motive nennen exemplifizierend die Prozeßfähigkeit, die Legitimation des gesetzlichen Vertreters, die erforderliche Ermächtigung zur Prozeßführung. Ihnen stehen gleich die Zulässigkeit des Rechtswegs und die Zuständigkeit des Gerichts. Den § 335 Ziffer 1 etwa nur auf die besonderen amtlich zu beachtenden Voraussetzungen des Termins — Ladung und Einhaltung der Einlassungs- bzw. Ladungsfrist — zu beschränken, ist einmal unvereinbar mit § 335 Ziffer 2, wo diese Voraussetzungen besonders erwähnt werden, widerstrebt aber überhaupt dem Wortlaute des § 335 Ziffer 1, dem von einer Einschränkung nichts bekannt ist.

Nach § 335 Ziffer 1 soll nun schon der Mangel des Nachweises einer dieser Voraussetzungen den Erlaß des Versäumnisurteils hindern. Wieviel mehr muß dies der Fall sein, wenn der Mangel einer solchen Voraussetzung erwiesen ist! Freilich kann es dann bei der Zurückweisung des Antrags auf Versäumnisurteil nicht sein Bewenden haben,[1] denn „ist der Rechtsstreit zur Endentscheidung reif, so hat das Gericht dieselbe durch Endurteil zu erlassen" (§ 300 ZPO). Es muß demnach der liquide Mangel einer Prozeßvoraussetzung zum Urteil führen,[2] und dieses kann, da das Gesetz ein Versäumnisurteil ausdrücklich ablehnt, nur ein kontradiktorisches sein.[3] Der Antrag auf Erlaß des Versäumnisurteils und — bei Säumnis des Beklagten — das Fehlen des Antrags auf kontradiktorisches Abweisungsurteil hindern die

---

prüfende Tatsache betrifft, ist Versäumniszwischenurteil aus den eben dargelegten Gründen überhaupt nicht möglich. Es kann vielmehr nur dann ergehen, wenn der Zwischenstreit eine verzichtbare Prozeßeinrede zum Gegenstande hat. In diesem Falle ergeht es allerdings als Prozeßurteil.

[1] So will es Eccius bei Gruchot 24, S. 602.

[2] So auch Fitting S. 349 Note 25 und Seuffert, Bem. 4 zu § 335.

[3] Ebenso Wach bei Gruchot 36, S. 24; Troll S. 41; v. Canstein in Zeitschr. 16, S. 93; Schmidt S. 565 u. a.

absolutio ab instantia ebensowenig, wie im Kontradiktorium der Antrag auf Abweisung des Anspruchs ein Prozeßurteil hindert.[1]

Es ist nun der Versuch gemacht worden, den § 335 Ziffer 1 nur auf solche Nachweisungen zu beziehen, welche „an sich dem Kläger“[2] oder doch „an sich der erschienenen Partei“[3] obliegen.

Beide Auslegungen sind nicht haltbar. Daß die Regeln über die Beweislastverteilung auf den Nachweis der absoluten Prozeßvoraussetzungen keine Anwendung leidet, folgt aus der Natur der Offizialprüfung und ist schon oben dargelegt worden. Aber auch der Deduktion Möllers[4], der § 335 Ziffer 1 handele nur von einer Nachweisung, die von der erschienenen Partei erfordert werde, setze also einen Fall voraus, in welchem diese Nachweisung von dieser Partei, und nicht etwa vom Gegner zu erfordern sei, ist nicht beizutreten. Das Gesetz spricht gar nicht von der „von der erschienenen Partei erforderten Nachweisung“, sondern ganz allgemein von der „vom Gericht wegen eines von Amtswegen zu berücksichtigenden Umstandes erforderten Nachweisung“. „Erfordern“ heißt aber — wie Troll[5] richtig sagt — nicht, „von Jemandem etwas fordern“, sondern „etwas unabhängig von einer bestimmten Person als Erfordernis aufstellen“. Die Nachweisung ist also objektives Erfordernis für die Fortsetzung des Verfahrens. Das Gericht wird sich dabei an die erschienene, die prozeßbetreibende Partei halten; denn von der ausgebliebenen wird es sie nicht gut fordern können. Das Unvermögen der erschienenen Partei nun, diese objektiv erforderliche Nachweisung zu erbringen, allein ist es, an das das Gesetz die Folgen der Zurückweisung des Antrags auf Erlaß des Versäumnisurteils knüpft. Nichts steht davon im Gesetz, daß die betreffende Nachweisung ihr obliegen müßte. Schon der klare, unzweideutige Wortlaut des § 335 Ziffer 1 zwingt zu der von uns vertretenen Auslegung.[6] Nur diese entspricht der Logik des

[1] Wach a. a. O. S. 24 Note 29.

[2] So RG. Entsch. 12, S. 364.

[3] So Möller bei Gruchot 26, S. 188.

[4] a. a. O. S. 188, 189.

[5] a. a. O. S. 43.

[6] Übereinstimmend: Wach bei Gruchot 36, S. 24ff., Vorträge S. 168ff.; Reincke a. a. O. S. 354, Bem. 3a zu § 330; Schmidt a. a. O. S. 555, 565;

Prozesses. Denn: „die absoluten Prozeßvoraussetzungen der Sachentscheidung müssen sich, wenn sie überhaupt solche sein sollen, gleichermaßen geltend machen, gleichviel welche Partei säumig ist. Es ist gerade so unzulässig, dem Kläger einen Anspruch abzusprechen, als ihm einen solchen zuzusprechen, wenn das Gericht unzuständig, oder die Sache nicht zum Rechtsweg geeignet ist, oder wenn nichtig, weil durch prozessualisch handlungsunfähigen oder zum vertretungsweisen Handeln für den Prozeßunfähigen nicht Legitimierten gehandelt wurde.“ [1]

Das Gegenteil, daß nämlich das klagabweisende Urteil des § 330 nicht nur von einem unzuständigen Gericht ausgesprochen werden, sondern auch über einen Anspruch entscheiden könne, der gar nicht vor die Gerichte gehöre, wird von Meyer [2] folgendermaßen begründet: „Wenn ein ausschließlicher Gerichtsstand besteht, so hat derselbe doch nur die Bedeutung, daß man annimmt, einen bestimmten Rechtsstreit können bestimmte Gerichte besser entscheiden als andere. Das trifft aber nicht zu, wenn ohne jede Prüfung ein Anspruch um deswillen abgewiesen werden soll, weil er nicht geltend gemacht ist. Denn diese Frage, ob er nicht geltend gemacht ist, ist ohne große Schwierigkeit zu entscheiden und von dem einen Gerichte so gut wie von dem andern; es kann sich hier nur darum handeln: hat der Kläger verhandelt oder nicht. Der Übelstand, daß es auf diese Weise dahin kommen kann, daß man einen Anspruch, der gar nicht vor die Gerichte gehört, abweist, ist nicht erheblich und steht in gar keinem Verhältnisse mit den großen Unbequemlichkeiten, zu denen die herrschende Ansicht führt.“ Nun ist aber die Sachentscheidung über einen Anspruch, der nicht vor die Gerichte gehört, nichts weniger als ein „nicht erheblicher Übelstand“; vielmehr stellt er sich dar als ein schwerer Verstoß gegen die zwingende Norm des § 13 GVG., und einen solchen — darf man wohl annehmen — wird ein Richter nun und nimmer begehen trotz noch so großer „Unbequemlichkeiten“.

Bolgiano, Zeitschr. 5, S. 231 ff.; 24, S. 172; v. Canstein, Zeitschr. 16, S. 93; Gaupp-Stein zu § 330 und § 335 u. a.

[1] Wach bei Gruchot 36, S. 25.

[2] Zeitschr. 9, S. 336.

Was hierbei MEYER über die Bedeutung eines ausschließlichen Gerichtsstands sagt, mag bei der Aufstellung unserer Kompetenzordnung wohl maßgebend gewesen sein. Nachdem aber die Kompetenzordnung einmal Gesetz geworden ist, ist sie — soweit das nicht ausdrücklich zugelassen ist — durch Parteiendisposition nicht zu beseitigen.

Es ist auch nicht richtig zu sagen, der Beklagte, der vor einem absolut unzuständigen Gericht gegen den Kläger das Versäumnisurteil beantragt, verletze gar keine Prozeßvoraussetzung; denn nicht er habe ja das unzuständige Gericht angerufen, sondern der Kläger; dieser müsse aber vor dem Gerichte erscheinen, vor das er den Beklagten geladen habe; erscheine er nicht, so treffe ihn die Versäumnisfolge des § 330 ZPO. Erstens verletzt auch der Beklagte eine Prozeßvoraussetzung dadurch, daß er mit seinem Antrag auf Versäumnisurteil von dem unzuständigen Gericht eine Entscheidung verlangt, zu der dieses nicht befugt ist,[1] nämlich eine Entscheidung in der Sache selbst.[2] Aber ganz abgesehen davon ist die „Verpflichtung des Klägers, vor dem von ihm angerufenen Gericht trotz dessen notorischer absoluter Unzuständigkeit zu erscheinen,“ an sich schon ein Unding. Prozessualisch kann diese Verpflichtung keine andere Bedeutung haben, als daß das Gericht für den Kläger zuständig sein soll, während es für den Beklagten nach wie vor unzuständig bleibt. Es läge dann eine einseitige Zuständigkeit vor, und das so einseitig zuständige Gericht sollte imstande sein, eine gegenüber beiden Parteien wirkende Sachentscheidung zu fällen! — Entweder ist das Gericht für beide Parteien zuständig oder für beide Parteien unzuständig, tertium non datur. So wenig aber wie bei absoluter Unzuständigkeit das Einverständnis der Parteien im-

---

[1] HAHN, Mat. S. 613.

[2] Bei bedingter Zuständigkeit würde der Beklagte durch den Antrag auf Versäumnisurteil prorogieren. Denn nirgends kommt der Wille, sich der Zuständigkeit eines Gerichts zu unterwerfen, deutlicher zum Ausdruck als in dem Antrag auf Sachentscheidung an dieses Gericht. — Vgl. BOLGIANO, Zeitschr. 5, S. 233f. A. M. REINCKE Bem. II zu § 330. Man könnte höchstens darüber streiten, ob die Prorogation durch die Zurückversetzung in die Lage vor Eintritt der Versäumnis wieder aufgehoben wird.

stande ist, die Zuständigkeit des Gerichts herbeizuführen, genau so wenig kann das der Kläger mit dem einseitigen Akt der Klagerhebung. Das Gericht bleibt also trotz der Einreichung der Klagschrift unzuständig, und solange es das ist, kann ihm die Befugnis, eine Sachentscheidung zu fällen, nicht zugesprochen werden.

Entgegen der Notwendigkeit der Prüfung der absoluten Prozeßvoraussetzungen behauptet MEYER[1] eine Unmöglichkeit dieser Prüfung im Falle des Ausbleibens des Klägers. Er leitet diese aus dem Prinzipe der Mündlichkeit des Verfahrens her, indem er folgendermaßen deduziert: Das Gericht erfährt amtlich von der Klage erst durch deren Vortrag in der mündlichen Verhandlung. Ein solcher Vortrag findet bei Säumnis des Klägers nicht statt. Folglich erfährt in diesem Falle das Gericht überhaupt nichts von der Klage und kann also auch ihre Prozeßmängel nicht prüfen. Legt man aber dem Gerichte diese Prüfung auf, so muß man auch in jedem Falle verlangen, daß die Klage vorgetragen werde.

Es mag hier dahingestellt bleiben, ob im Falle der Versäumnis des Klägers die Klage vom Beklagten vorgetragen werden muß oder ob ein solcher Vortrag überflüssig ist. Jedenfalls kann diesem Vortrag der Klage durch den Beklagten nicht die Wirkung beigemessen werden, daß durch ihn die Klage erhoben wird, sodaß sie erst jetzt hinsichtlich der Prozeßvoraussetzungen geprüft und im Falle von deren Vorhandensein wegen Säumnis des Klägers abgewiesen werden kann. Die Klage ist vielmehr bereits mit der Zustellung zur Entstehung gekommen. Sie muß als solche im Versäumnisfalle auch ohne mündlichen Vortrag in der Verhandlung Prozeßstoff sein[2] und dies insbesondere dort, wo das Gericht zufolge des Offizialprinzips überhaupt nicht auf den Parteivortrag zu warten braucht (s. o. § 7). Das Gericht ist also auch ohne solchen Vortrag sehr wohl in der Lage, auch beim Ausbleiben des Klägers das Vorhandensein der Prozeßvoraussetzungen zu prüfen. Diese Prüfung wird auch in den seltensten

[1] Zeitschr. 9, S. 335f.; hiergegen insbes. STEIN, Urkundenprozeß S. 233.
[2] WACH bei GRUCHOT 36, S. 26f.

Fällen schwierig sein und zu großen „Unbequemlichkeiten“ führen. Es ist möglich, daß der Kläger erst in einem späteren Termine säumig wird, nachdem das Gericht durch die vorgängige zweiseitige Verhandlung schon von dem Mangel Kenntnis erhalten hatte; ferner kann der Beklagte es freiwillig übernehmen, den Prozeßmangel nachzuweisen, weil es ihm lieber ist, ein kontradiktorisches Prozeßurteil als ein dem Einspruch unterliegendes Versäumnisurteil zu erwirken. Endlich aber kann der Mangel so offenbar sein, daß er dem Gerichte sofort in die Augen springt. Meyer gibt denn auch selbst zu, daß das Gericht diejenigen Prozeßvoraussetzungen, die es prüfen kann, ohne die Klage zu erfahren, prüfen muß. Welche Voraussetzungen nun geprüft werden können, ohne daß das Gericht Kenntnis von der Klage hat und welche nicht, darüber schweigt Meyer. Die Grenze wird offenbar schwer festzustellen sein. Soll nach Gattungen geschieden werden, soll es quaestio facti sein, soll es von der Offensichtlichkeit des Mangels abhängig gemacht werden, oder soll es dem Zufall überlassen bleiben? — Als Beispiel führt Meyer den Mangel an, daß die Klage einer Stadtgemeinde von dem die Stadt unzulässigerweise vertretenden Nachtwächter des Orts erhoben worden ist. Diesen Mangel also soll das Gericht erfahren, ohne daß es von der Klage erfährt. — Der Mangel geht hervor aus dem Rubrum. Ist aber das Rubrum nicht ein Bestandteil der Klage? — § 253 Abs. 2 Ziffer 1 ZPO. Und wie steht es mit weniger offensichtlichen Mängeln?

Man sieht, die Scheidung Meyers führt zu einem unmöglichen Resultate. Ihr gegenüber muß betont werden, daß alle Prozeßvoraussetzungen gleichwertig sind, und daß ein Grund, sie verschieden zu behandeln, weder im Gesetz noch in dem Wesen der einzelnen Voraussetzungen zu finden ist.

§ 9.

5. Die Grundlage des Versäumnisurteils.

Bestimmend für die im vorstehenden von uns bekämpften Anschauungen sind vielfach irrige Auffassungen von der Besonderheit der Urteilsgrundlage im Versäumnisverfahren gewesen.

So beurteilt das Reichsgericht die Frage, ob Versäumnisurteil zu erlassen sei, rein äußerlich nach der Form der Verhandlung. Es sagt,[1] nach dem System der Zivilprozeßordnung sei im allgemeinen ein kontradiktorisches Urteil auf beiderseitige mündliche Verhandlung, welche sich nicht bloß auf das materielle Rechtsverhältnis, sondern auch auf die prozessualen Streitpunkte erstrecke, ein Versäumnisurteil dann zu erlassen, wenn sich trotz der ergangenen Ladung nur eine Partei im Termine eingefunden oder nur diese eine Partei verhandelt habe;[2] würden doch immer, wenn der Richter das Material nur von einer Seite empfange, die Einwendungen der andern ausgeschlossen.[3] Andere wieder, wie FITTING,[4] wollen das Versäumnisurteil des § 330 auf ganz natürlichem Wege aus dem Grundsatze der Mündlichkeit des Verfahrens herleiten, indem sie es einerseits auf das durch die Erhebung folgende rechtliche Dasein der Klage, andrerseits auf den Mangel der Begründung derselben in der mündlichen Verhandlung stützen.

Keiner der beiden Auffassungen ist beizutreten.

Nicht gründet sich das Versäumnisurteil auf die Einseitigkeit der Verhandlung, auch nicht auf den Mangel der Begründung der Klage in der mündlichen Verhandlung, sondern einzig und allein auf die prozessualische Situation der Totalversäumnis darauf, daß die eine Partei einen Verhandlungstermin versäumt, während die andere tätig ist. Sobald das Gericht darüber hinaus ex officio Feststellungen vornimmt und diese zur Grundlage seiner Entscheidung macht, kann von einem Versäumnisurteil nicht mehr die Rede sein. Es beruht dann das Urteil nicht mehr auf der Versäumnis, sondern auf dem Ergebnis der unabhängig von der Versäumnis und trotz dieser vorgenommenen Feststellungen. Denn das Versäumnisverfahren der Zivilprozeßordnung ist grundsätzlich kein Eremodizium, keine Tatsachenprüfung auf Grund

---

[1] Entsch. 24, S. 433.

[2] Ebenso WEISMANN 1, S. 401, 402, obwohl dieser (S. 397) selbst zugibt daß das Versäumnisurteil des § 330 Sachurteil sei und materielle Rechtskraft habe.

[3] Ebenso PETERSEN-ANGER Vorbem. 4 zu §§ 330ff.

[4] a. a. O. S. 345; übereinstimmend PLANCK 2, S. 373.

einseitigen Nachweises, sondern dessen Gegenteil, die Sachentscheidung ohne jeden Nachweis. Sobald dieser die Unterlage für die Entscheidung bilden soll, spielt die Totalversäumnis keine Rolle mehr. So aber liegt es, wenn das Gericht in Abwesenheit der einen Partei von Amtswegen die prozessuale Sachlage zu prüfen hat.

Gewiß mag das radikale Vorgehen des § 330 ZPO. den Einspruch rechtfertigen; aber behaupten zu wollen, das Versäumnisurteil ergehe um seiner Einspruchsfähigkeit willen, hieße die Sache gerade auf den Kopf stellen. Nicht, damit der Säumige Einspruch einlegen kann, und im Einspruchsverfahren seine Rechte besser wahren kann, ergeht Versäumnisurteil, sondern um der Versäumnis willen. Es kommt auch nicht darauf an, ob die Partei sich in der Lage befindet, ihre Parteirechte besser zu wahren oder nicht. Es ergeht das Versäumnisurteil auch gegen die anwesende Partei, welche nicht verhandelt, obschon sie verhandeln könnte. Es ergeht gegen die Partei (§ 332), welche verhandelt und bereits alles Erdenkliche zu ihren Gunsten vorgebracht hat. Übrigens wird ja der Mangel gewöhnlich sofort liquide gestellt werden können. Und hatte wirklich einmal der Kläger etwas gegen die Offizialfeststellung vorzubringen und wurde er mit diesem Vorbringen präkludiert, so ist es seine eigne Schuld, wenn er seine Rechte nicht besser wahrnimmt. Er unterliegt dann nur der normalen Versäumnisfolge des § 230 ZPO. Der Standpunkt des Reichsgerichts müßte am Ende dazu führen, auch dann Versäumnisurteil ergehen zu lassen, wenn der Kläger, nachdem er verhandelt hat, sich aus dem Termine entfernt und nun gemäß § 334 ZPO. der poena confessi und den sonstigen Präklusionsnachteilen unterliegt.

Was endlich die schon mitgeteilte Ansicht FITTINGs angeht, so ist kurz folgendes zu sagen:

Die Klage kommt zur Entstehung durch Zustellung der Klageschrift. Von da an muß sie auch dem Gerichte als vorhanden gelten. Das gibt FITTING, soweit die Klage und der Klagantrag in Frage stehen, zu; was jedoch die Klagbegründung anlangt, so soll diese nur in der mündlichen Verhandlung durch Vortrag „zur Begründung geeigneter Tatsachen“ erfolgen können. Geschehe dies nicht, sei es nun, weil es der Kläger in der Verhandlung unterläßt, sei es, weil er überhaupt nicht zum Termine erscheint, so müsse die Klage als unbegründet abgewiesen werden. Dabei betont FITTING selbst, daß der Klagantrag mit Angabe des Gegenstandes und Grundes des erhobenen Anspruchs „berichtend" vorgetragen werde, also auch letzterer bereits Prozeßstoff sei. Es ist dann unverständlich, wie er für die Begründung der Klage noch einen „bestimmenden" Vortrag durch den Kläger verlangen kann. Erfolgt aber tatsächlich die Begründung der Klage erst in der Verhandlung durch den Kläger, so ist sie bis dahin eine eines wesentlichen Erfordernisses entbehrende, eine wesen- und gegenstandslose Klage, die ohne weiteres ab instantia abzuweisen wäre.[1] Es kann FITTING deshalb nicht zugegeben werden, daß der Mangel der Klagbegründung in der mündlichen Verhandlung die Grundlage des Urteils aus § 330 sei; diese ist vielmehr — wie schon zur Genüge betont — die Totalversäumnis des Klägers.

IV. Schlußbemerkung.

§ 10.

Auf Grund der bisherigen Ausführungen gelangen wir zu folgendem Schlußergebnis:

Das Versäumnisurteil ist stets Sachurteil, niemals Prozeßurteil.

Das Gericht hat, bevor es ein Versäumnisurteil erläßt, stets erst zu prüfen, ob die absoluten Prozeßvoraussetzungen der Sachverhandlung und Sachentscheidung gegeben sind. Fehlt es für deren Vorhandensein an irgend einem Nachweise, und kann diesen die erschienene Partei nicht erbringen, so ist der Antrag auf Versäumnisurteil zurückzuweisen. Ist dagegen der Mangel zweifelsfrei festgestellt, so hat es das Gericht nicht bei der Ablehnung des Versäumnisurteils bewenden zu lassen, sondern

[1] Vgl. hierzu insbesondere die Ausführungen WACHS bei GRUCHOT 36, S. 30f.

die Klage wegen dieses Mangels ab instantia abzuweisen. Dieses Urteil ist unter allen Umständen ein kontradiktorisches.

Dabei ist es gleichgültig, welche von den Parteien, ob der Kläger oder der Beklagte, säumig ist.

Was für die erste Instanz von den allgemeinen Prozeßvoraussetzungen gilt, das gilt für die Rechtsmittelinstanzen von deren besonderen Existenzbedingungen. An Stelle der absolutio ab instantia tritt hier die Verwerfung des Rechtsmittels als unzulässig.

Die von uns vertretene Ansicht darf man gegenwärtig als die herrschende bezeichnen, wenn auch das Reichsgericht und vereinzelte Schriftsteller noch auf dem gegenteiligen Standpunkte stehen.

Inhalt.

		Seite
§ 1.	**I. Einleitung**	1
	II. Die Voraussetzungen des Versäumnisverfahrens in der Rechtsmittelinstanz.	
§ 2.	1. Allgemeines	3
§ 3.	2. Das Versäumnisurteil als sententia incerta	6
§ 4.	3. Das Versäumnisurteil als Sach- oder Prozeßurteil	14
	III. Die Voraussetzungen des Versäumnisverfahrens in der ersten Instanz.	
§ 5.	1. Allgemeines	22
§ 6.	2. Die Motive zur Zivilprozeßordnung	25
§ 7.	3. Die Offizialmaxime bei der Feststellung der absoluten Prozeßvoraussetzungen	26
§ 8.	4. Die Vorschrift des § 335 Ziffer 1 ZPO.	30
§ 9.	5. Die Grundlage des Versäumnisurteils	36
§ 10.	**IV. Schlußbemerkung**	39

FSC
www.fsc.org
MIX
Papier | Fördert gute Waldnutzung
FSC® C083411

Kolibri 360 GmbH
Ferdinand-Jühlke-Straße 7
99095 Erfurt, Deutschland
produktsicherheit@kolibri360.de